愿化一面镜子，常常照你笑

POSTMARK
朱生豪 著
LEISURE SNACKS

U0837501

北京理工大学出版社
BEIJING INSTITUTE OF TECHNOLOGY PRESS

图书在版编目（CIP）数据

愿化一面镜子，常常照你笑 / 朱生豪著. —北京：北京理工大学出版社，2018.5

ISBN 978-7-5682-4989-8

Ⅰ. ①愿…　Ⅱ. ①朱…　Ⅲ. ①朱生豪（1912-1944）- 书信集　Ⅳ. ①K825.5

中国版本图书馆CIP数据核字（2017）第282440号

出版发行 / 北京理工大学出版社有限责任公司
社　　址 / 北京市海淀区中关村南大街 5 号
邮　　编 / 100081
电　　话 / （010）68914775（总编室）
（010）82562903（教材售后服务热线）
（010）68948351（其他图书服务热线）
网　　址 / http：//www. bitpress. com. cn
经　　销 / 全国各地新华书店
印　　刷 / 北京旭丰源印刷技术有限公司
开　　本 / 880 毫米 × 1230毫米　1/32
印　　张 / 8
字　　数 / 200 千字
版　　次 / 2018 年 5 月第 1 版　2018 年 5 月第 1 次印刷
定　　价 / 42. 80 元

责任编辑 / 孟雯雯
文案编辑 / 吴　博
责任校对 / 周瑞红
责任印制 / 李志强

我把我的灵魂封在这封信里，

你去旅行的时候，

请把它随身带在口袋里，

挈拿它同去玩玩，

但不许把它丢落在路上。

目 录

小坏蛋

小确幸

小问题

小祝愿

小日子

小宠爱

小坏蛋

你那样不好，神气得要命

清如：

昨夜我做了一夜梦，做得疲乏极了。大概是第二个梦里，我跟你一同到某一处地方吃饭，还有别的人。那地方人多得很，你却不和我在一起，自管自一个人到里边吃去了。本来是吃饭之后，一同上火车，在某一个地方分手的。我等菜许久没来，进来看你，你却已吃好，说不等我要先走了，我真是伤心得很，你那样不好，神气得要命。

不过我想还是我不好，不应该做那样的梦，看你的诗写得多美，我真欢喜极了，几乎想抱住你不放，如果你在这里。

我想我真是不幸，白天不能困觉，人像在白雾里给什么东西推着动，一切是茫然的感觉。**我一定要吃糖，为着寂寞的缘故。**

这里一切都是丑的，风、雨、太阳，都丑，人也丑，我也丑得很。只有你是青天一样可羡。

这里的孩子们学会了各色骂人的言语，十分不美，父母也不管。近来哥哥常骂妹妹泼婆。妹妹昨天说，你是大泼婆，我是小泼婆。一天到晚哭，闹架儿。

拉不长了，祝你十分好！六十三期的校刊上看见你的名字三次。

朱，初三

不要叫我朱先生｜或十分谢谢我

好人：

你的文法不大高明，例如“对于你的谣言，确使我十分讨厌”这句话，应该说作“你的谣言确使我十分讨厌”，或“对于你的谣言，我确十分讨厌”。

这样吹毛求疵的目的是要使你生气，因为我当然不愿你生我气，但与其蒙你漠不关心我，倒还是生气的好了。我不想责备我自己，因为我觉得我已够可怜，但我发誓以后不再naughty[①]，（虽然我想我不用告诉你我是怎样“热烈期待”着这次的放假，为的有机会好来看看你；年初一的夜里，我是怎样高兴得整夜不睡，天气恶劣怎样反而使我欢喜，因为我可以向你证明我的一片诚心；次日清晨我怎样不顾一切劝阻而催促他们弄饭，饭碗一丢就扬长而去；我是怎样失望发现第一班车要在十一点钟才有，我不能决定还是走好还是不走好，我本想当天来回，这样恐怕不成功了，姑且回了家再说；回到家中，两只脚又是怎样痛得走不动，为着穿了紧的皮鞋；乘兴而去，败兴而来，当然勇气要受了挫折……这些话也许都会被你

① naughty：顽皮。

算作讨厌的谣言），也不再把你的名字写得这样难看；但任何国际条约必须基于双方平等的基础上，我希望你也不要叫我朱先生或十分谢谢我。

你的命令我不能不尊从，因为你特意把“要”字改为“准”字，不要你来信只是表示我不愿意你来信，但尚未有禁止之意；不准便由愿望改为命令了。但是我希望等番茄种子寄出之后（当然那必须附一封信，否则你不知道是谁寄来的），我还可以（有）写信问你有没有收到的权利是不是?

我伤心得很。

厌物，廿三

怪着你 | 玩玩

好友：

我并不真怪你，不过怪着你玩玩而已。你这人怪好玩儿的，老是把自己比作冷灰——怪不得我老是抹一鼻子灰。也幸亏是冷的，否则我准已给你烧焦了。我不大喜欢这一类比喻。例如有人说“心如止水”，只要投下一块石子去，止水就会动起来了；有人说“心如枯木”，唯一的办法便是用爱情把它燃烧起来，你知道枯木是更容易燃烧的。至如你所说的冷灰，只要在它中间放一块炙热的碳，自然也会变热起来。但最好的办法还是给它一个不理睬，因为事实上你是待我很好的，冷灰热灰又有什么相干呢？

你要是说你不待我好，即使我明知是真也一定不肯相信。但你说你待我很好，我何乐而不相信呢？但我很希望听你说一万遍，如果你不嫌嘴唇酸的话。

你一定不要害怕未来的命运，有勇气把眼睛睁得大大的，凝视一切；没勇气闭上信任着不可知的势力拉着你走，幸福也罢，不幸也罢，横竖结局总是个The end[1]。等我们走完了生命的途程，然后透口气相视而。

① The end：剧终。

好像经过了一番考试，尽管成绩怎样蹩脚，总算卸却了重负，唉呵！

我拍拍你的肩头。

Villain[1]

LEBENSMISSIONSVORSITZENDERSTELLVERTRETER（这是一个德文字，意思是“粮食分配结束委员会委员长”。）

① Villain：恶棍。

你如不爱我，我一定要哭

小亲亲：

昨夜写了一封信，因天冷不跑出去寄，今天因为觉得那信写得……呃，这个……那个……呢？有点……呃，所以，……所以扣留不发。

天好像是很冷是不是？你有没有吱吱叫？

□[1]

因为……虽则……但是……所以……然而……于是……哈哈哈！

做人顶好不要发表任何意见，是不是？

我不懂你为什么要……你猜要什么？

有人喜欢说这样的话，“今天天气好像似乎有点不大十分很热”，“他们两口子好像似乎颇颇有点不大十分很要好似地的样子”。

你如不爱我，我一定要哭。你总不肯陪我玩。

小瘌痢头，三二

---

① 此处原件缺失，以下类似原件内容缺失或文字模糊看不清的情况，均将原件文字缺失的地方用方框表示，全书同。

我不要和你|谈君子之交

傻丫头：

我不要向你表敬意，因为我不要和你谈君子之交。如果称“朱先生”是表示敬意，“愿你乖”是不是也算表示敬意？你说如果有人称你宋先生你决不嫌客气，这里自从陆经理以下至于用人都和你一样称我为朱先生（除了我们的主任称我为“生豪公”，英文部一二个同事称我为“密司脱朱”，因为他们懂得英文的缘故，一位茶房亲热地称我为“朱”，大概自以为这样叫法很时髦，不知全然缺乏了“敬意”），我又何尝嫌他们客气？问题只是在你称我为朱先生是否合式这一点上。就常识而言，先生二字是对于尊长者及陌生或疏远者的敬称，在俚俗的用法中，亦用于女人对他人称自己的丈夫或称他人的丈夫的代名词，如云“我家先生不在家”，“你的先生有没有回来？”等。用于熟识的朋友间，常会有故意见疏的意味，因此是不能容忍的。

今天，没有什么好说的，上午满想睡半天，可是到十点钟仍旧起来了，读了一些……下午……天晓得我真要无聊死。

我爱你，此外什么都不知道。

心里异常不满足，因为写不出什么话。**要是此刻你来敲门唤我，出去take a walk[①]多好。**

黄天霸，五夜

① take a walk：散步。

我只想吃了你，吃了你

你相不相信“一见钟情”这句话？如果不相信，我希望你相信。因为昨天有一个人来看我，我们看影戏，我们逛公园，她非常可爱，我交关喜欢她。我说，她简直跟你一样好，只不知道她是不是便是你？也许我不过做了个梦也说不定。

亲爱的小鬼，我要对你说些什么肉麻的话才好耶？我只想吃了你，吃了你。

鸭，廿五

恐怕你｜又要神经

宋姑娘：

读到芳札之后，不想再说什么话，因为恐怕你又要神经。

这星期过得特别快，因为中间夹着一个五一劳动节。其实星期制很坏。星期日玩了一天之后，星期一当然不会有甚么心向工作，星期二星期三是一星期中最苦闷的两天，一到这两天，我总归想自杀，活不下去；星期四比较安定一些，工作成绩也要好些，一过了星期四，人又变成乐天了，可是一个星期已过去大半，满心想玩了；星期五放了工，再也安身不住，不去看电影，也得向四马路[①]溜达一趟书坊，再带些东西回来吃，或许就在电车里吃，路上吃；星期六简直不能做工，人是异样不安定，夜里总得两点钟才睡去；可是星期日，好像六天做苦工的代价就是这一天似的，却是最惨没有的日子。星期日看的电影，总比非星期日看的没兴致得多，一切都是空虚，路一定走了许多，生命完全变得不实在，模糊得很，也乏味得很；这样过去之后，到星期一灵魂就像是一片白雾；星期二它醒了转来，发现仍旧在囚笼里，便又要苦闷了。

① 四马路：即今福州路。

你总有一天会看我不起，因为我实在毫无希望，就是胡思乱想的本领，也比从前差得多了，如果不是因为今天是星期五之故，我真不想活。

不骗你，我很爱你，仍旧想跟你在一起做梦。

朱

把你欺负得|哭不出来

宋：

你把我杀了吧，我越变越不好了。

我想不出你将来会变得怎样，但很知道我自己将来会变得怎样，当我看见一个眼睛似乎很贪馋，走路东张西望，时常踩在人家脚上，嘴里似乎喃喃自语的老头子，我就认识，这就是我。

今天幸亏天气好——不热，有些雨，否则我一定已经死了，最近的将来我一定要生几天病，因为好久不病了。

要是世上只有我们两个人多么好，我一定要把你欺负得哭不出来。

俚词四首（借用张荃女史诗韵）

水面花飘水面舟，猖狂一辈少年游。

宁教飞花随水去，莫令插向老人头。

美人汗与花香融，且敞罗衫纳野风。

春去春来都不管，好酒能驻朱颜红。

恼杀枝头间关禽，恼杀一院春光深。

敲碎一树桃李花，莫教历落乱侬心。

陌上花儿缓缓开，天涯游子迟迟回。
只愁来早去亦早，不如日日盼伊来。

我爱宋清如，因为她是那么好。比她更好的人，古时候没有，以后也不会有，现在绝对再找不到，我甘心被她吃瘪。

我吃力得很，祝你非常好，许我和你偎一偎脸颊。

无赖，星期日

我要打宋清如，那尼姑

清如：

要是我死了见上帝，一定要控诉你虐待我。

人已做到了山穷水尽的地步，再有何说？要是我进了修道院，我会把圣母像的头都敲下的。

总之你是一切的不好，怨来怨去想不出要怨什么东西好，只好怨你。

今天提篮桥遇见了苏女士，照理一年不见了应该寒暄几句，可是她问我那里去，我想不出答案，便失神似的说回去，她似乎觉得这话有点可笑，我只向她笑笑而已，一切全是滑稽。

愿上帝祝福所有的苦人儿！

如果穷人都肯自杀，那么许多社会问题，都可不解决而自解决，我以为方今之世，实有提倡自杀的必要。

总之你太不好，我这样不快活！

再没有好日子过了，再不会笑笑了，糖都要变成苦味了，你也不会待我好了。

总之这样下去是不成的，我宁愿坐监牢。

为什么你要骂我？为什么你……人家都给他们吃，只不给我吃，我昨天不也给你吃花生？

我秘秘密密地告诉你，你不要告诉人家，我是很爱很爱你的。

我是深爱着青子的，

像鹞鹰渴慕着青天，

青子呢？

睡了。

鹞鹰呢？

渴死了。

没有茶吗？

开水是冷的。

我要吃ice cream[①]。

我要打宋清如，那尼姑。

① ice cream：冰激凌。

两个 | 宋清如

好：

我希望世上有两个宋清如，我爱第一个宋清如，但和第二个宋清如通着信，我并不爱第二个宋清如，我对第二个宋清如所说的话，意中都指着第一个宋清如，但第一个宋清如甚至不知道我的存在。要你知道我爱你，真是太乏味的事，为什么我不从头开始起就保守秘密呢？

为什么我一想起你来，你总是那么小，小得可以藏在衣袋里？我伸手向衣袋里一摸，衣袋里果然有一个宋清如，不过她已变成一把小刀（你古时候送给我的）。

我很悲伤，因为知道我们死后将不会在一起，你一定到天上去无疑，我却已把灵魂卖给魔鬼了，不知天堂与地狱之间，许不许通信。

我希望悄悄地看见你，不要让你看见我，因为你不愿意看见我。

我寂寞，我无聊，都是你不好。要是没有你，我不是可以写写意意[1]地自杀了吗？

---

① 写写意意：意为“舒舒服服”。

想来你近来不曾跌过跤？昨天我听见你大叫一声。假的，骗骗你。

愿你好好好好好好好。

米非士都非勒斯[1]，十三

① 米非士都非勒斯：现译“靡非斯特”，歌德诗剧《浮士德》中和浮士德做交易的魔鬼。

即使你是宋清如，也不应该把地址写成地趾

清如仁姐大人芳鉴：

我希望你能再稍为待我好一些，这对我本无关系，因为我是个死人，随人家怎样待我都是一样，所以如此希望你者，不过为着你良心上的安宁起见而已，将来末日审判的时候，也庶几可以无疚于圣父圣子圣灵之前。

举今天的事情来说，我抱着万一的希望奔到了汽车站，迟了七步半，废然而归，本来希望只是万一，因此失望也只是万一，所有的损失，也不过是半身臭汗，一顿中饭、二角车钱、三刻钟迟到而已，但告诉了你，你岂不要不安乎？

你瞧，你如不希望我来看你，就不该告诉我时刻，告诉我时刻，就表示你的不希望我来看你并无诚意，此足下之一不该也；你如不愿见我，就不该特地从上海过有心逗我气恼，此足下之二不该也；你应该早一点发信或再迟一点发信，偏偏要把信在这尴尬的时间寄到我手里，此足下之三不该也；如果你不希望我来看你，就应该在信上写明“希望你来看我”，那么我为着要给你吃一次瘪起见，一定会不来看你，计不出此，此足下之四不该也。有此四不该，虽欲不打手心，不可得矣。

希望你快快爱上了一个人，让那个人欺负你，如同你欺负我一样。

小弟朱生敬启，十六

而且即使你是宋清如，也不应该把地址写成地趾。

寄来的女人照片，我绝对不认识是谁。

快用两句骗小孩子的话|哄哄我

清如：

快用两句骗小孩子的话哄哄我，否则我真要哭了，一点乐趣都没有，一点希望都没有。今天本想听concert①去，害怕听不懂，对着那种高贵的音乐一定会自惭形秽，也许要打瞌铳，因此不曾去。你为什么不同我到云栖走走去？看了半张《倾国倾城》②的影片，西席地米尔这老头子真该死，可以为他鸣起葬钟来了，表演的没精神，庸劣到无可复加的地步，布景的宏丽，浪费而已，偏有人会称赞它是莎翁的悲剧，该撒安东尼都是一副美国人相，可想而知了。总之一切令人生气，走到杂志公司里，翻到了一本《当代诗刊》，看见了老兄的大作，也有点不高兴。回来头里发昏，今天用去两块半钱。几时我想把桌上的书全搬掉了，对于学问文艺，我已全无兴趣。人家说，原来老兄研究诗歌，一本本都是poems③，滚他妈妈的，我不知把它们买来做甚么，再无聊没有了。

一个心地天真读政治经济的朋友，却有了进入文坛的野心，半块钱

---

① concert：音乐会。

② 《倾国倾城》：现译《埃及艳后》。

③ poems：诗。

一千字的卖给人家，其实他的能力很不高，但没有自知之明，失业，生活都过不去，却慷慨激昂地说：“他们有钱，坐汽车，住洋房，浑天糊涂，死了之后，哼哼，谁还记得他们。看，巴尔扎克、莎士比亚、爱伦坡（每回他要向我特别称赞这位美国小说家诗人），死去了多少年，他们的著作留在世上，大名永垂不朽。”谢谢上帝，我不想身后名，汽车洋房，在我看来也不是怎样了不得的有趣，还是让我在一个静悄悄的所在，安安静静地死去吧。

昨天为郑天然到商务里买一本钟先生的《中国哲学史》（又要我挖出两块钱），他们问我什么人做的，我说钟泰，他们说什么钟泰，没有，中国哲学史只有冯友兰的，我翻图书目录点给他们看才去找了来，岂不伤心？回来自己翻了翻，实在也看不下去，住在市侩社会里一些时，这种东西读上去真太玄腐了。这些学者们独善其身，和人群隔得那么远远的，做着孔孟之道的梦，真也有点可笑。秦始皇是快人，可惜他的火等于白烧。

上海批评电影的人有硬派软派，上海的文坛也有近乎如此的分别，实际即是现代和文学，施蛰存和傅东华的对立，后者自以为意识准确，抓住时代，施蛰存现在和叶灵风、何家槐一批人都是typical①的海派作家了。这一个圈子里实在也毫无出路（虽则有许多人是找不到进路），中国不会产生甚么大的文学家艺术家，从古以来多如此，事实上还是因为中国人太不浪漫，务实际到心理卑琐的地步的缘故，因此情感与想象，两俱缺乏。

我很不好，为什么你高兴和我做朋友？你也不好，全然不好，我知道，但我爱你，为什么你不同我玩呢？

兴登堡将军

① typical：典型。

快钻到被头里｜去哭吧

宋：

你前儿那封信里说的话一通也不通，懒得驳你了。世上没有什么人会爱你，因此只好自己骗骗自己说恋爱是傻了。顶聪明的人都是爱寻烦恼的，不寻烦恼，这一生一世怎么度过去？理学先生都有说不得的苦衷。**活人总是常戚戚的，死人才坦荡荡。**

我渴望和你打架，也渴望抱抱你。

你这恼杀人的小鬼。不要因为我不爱你而心里气苦。

岳飞，三月二日

你很苦，真是，谁也不疼你，快钻到被头里去哭吧。

三等无轨电车里两个女人打架，今天总算得到了点thrilling[①]，女人打架，照例我总是同情比较好看一点的那个，事实是女人跟女人相打，总是彼此毫无理由的多，要判断谁曲谁直，永远是不可能的。

天实在太暖了，趁着好的太阳光，多走走路吧，不要闷着等死，你如要等死，死便不肯来的。

---

① thrilling：令人兴奋的事。

我的信都写得丨太无赖

清如（规规矩矩）：

王守伟兄很有意思，叫他编年刊，他就在年刊的弁言上斥年刊的无谓，说要是把出年刊的钱化在别种有意思的事情上，一定好得多。你为什么诗刊作序，也可以这样说，说做诗是顶难为情的事情，诗人等于一只狗，要是把写诗的精神去提倡新生活，一定有意思得多。要是有钱办诗刊，宁可吃几碗豆腐浆。我请求你千万不要再说什么诗是人类灵感的最高流露一类孩子说的话了。

我咳嗽了一声，在桌上的你的信纸吓了三跳。

笑话，真是笑话，恋爱没有条件，如何能成立。条件有种种不同，以金钱美貌为条件，我以为未必便比以学问道德为条件卑鄙，after all，this is 20th century[1]，恋爱已不是浪漫的诗意的了。为什么你要说是恋爱的外婆？你的思想总是半生不熟，既然上了台，就该大言不惭，何客气之有。After all，this is 20th century。姑娘们不屑谈恋爱，是表示神气，但如暴露自己无人与之谈恋爱，未免使人听了伤心。万一男同学们听了你

---

① after all，this is 20th century：不管怎样，现在已经是20世纪了。

的自谦，信以为真，同情你起来，预备给你经验，你岂不又要心跳？唯物论者讲实际，艺术家们讲taste[①]，唯物论的艺术家们讲灵肉一致，总之需要条件，不见得恋爱至上主义者们会恋爱一条癞皮狗。你如袒护反面，我一定得给你一顿教训。

Shall I thus wait suffocatingly for death？[②]于是我读到你诗意的叙述，哎，流落四方，梦花幻灭在不同的土原上，夕阳的光辉下望着蓝空微笑死去，能作这样的想头，不也是幸福吗？我希望我在一间狭小的斗室里，人声的喧嚣中，乌烟瘴气的周围，红着眼睛，白着嘴唇，脸上一抽一搐地喘着气死去。

这两夜，每夜做乱梦，我实在是不爱安静地睡去的，夜静后毫无声息，我会觉得很寂寞，巴不得汽车、无线电、哭、喊、救火车的哭声尤其有趣，打牌、闹，一齐响了起来。因此我也是不喜欢无梦之睡眠，早晨无梦而醒，觉得把一夜工夫白白耗费了似的。这两夜每夜做乱梦，因此使我对睡觉有了热情，顶有趣的一个梦是在经理室里撒尿，尿桶刚放在经理的背后，完事之后大家对我看看，我有点惶愧又有点快乐。

当然你尽管说“我不想望你到杭州来”好了，因为即使你想望，我也是不会来的。

福我已经太多了，以后你得祝我长寿，我希望活一百五十岁，看你曾孙的女儿怎样和人家恋爱。

我的信都写得太无赖，你如不喜欢这些，我以后也可以用八行书端楷恭书吾姐安好的，虽然纸墨笔砚都得买起来。

---

① taste：品味。

② Shall I thus wait suffocatingly for death：我是否要这样窒息地等待死亡？

总之，我知道你所用的信纸是专为写情书用的，可惜不曾再撒一些香粉在上头，至少我闻不出。信封尤其有趣，那个黑小弟弟活像你。总之这是一个人的taste问题。

完了，再向你说一声口是心非的“我爱你”。

朱朱

把你吃扁得｜喊爹爹

其实老早倦得想睡了，可是到底发了那么半天呆。

我说，我不高兴写信了，因为写不出话来。**可惜我不是未来派画家，否则把一块红的一块绿的颜色在白纸上涂涂，也好象征象征心境。**

总之是一种无以名之的寂寞，一种无事可做，即有事而不想做，一切都懒，然而又不能懒到忘怀一切，心里什么都不想，而总在想着些不知道什么的什么，那样的寂寞。不是嫠妇守空房的那种寂寞，因为她们的夫君是会在梦中归来的；也不是游子他乡的寂寞，因为他们的心是在故乡生了根的；也不是无家飘零的寂寞，因为他们的生命如浮萍，而我的生命如止水；也不是死了爱人的寂寞，因为他们的心已伴着逝者而长眠了，而我的则患着失眠症；更不是英雄失志，世无知己的寂寞，因为我知道我是无用的。是所谓彷徨吧？无聊是它的名字。

吴梦窗的词，如果稍为挑几首读读的确精妙卓绝，但连读了十来首之后不由你不打呵欠，太吃力。

没有好杂志看好电影看也真是苦事，我一点不想看西席地米尔的《十字军英雄记》，左右不过又是一部大而无当的历史影片。我在盼望着董纳倾全力摄制的莎士比亚《仲夏夜之梦》，卓别林的新作，嘉宝的*Anna*

Karenina[①]，和自然色试验作的Becky Sharp[②]。上海不大容易看到欧洲大陆的影片，就是英国的作品也不多，从德国意国来的极少几部，都是宣传的东西，我很希望看一些法国的名制。

有点要伤风的样子，老打喷嚏。

傻瓜，我爱你。

想你想得我口渴，因此我喝开水；想得我肚皮饿了，alas[③]，无东西吃。我愿意做梦和你打架儿，把你吃扁得喊爹爹，我顶希望看你哭。

心里不满足。祝你好。

小三麻子

---

① *Anna Karenina*：《安娜·卡列尼娜》。

② Becky Sharp：蓓基·夏泼，19世纪英国作家萨克雷小说《名利场》女主人公的名字。

③ alas：唉。

你简直 | 不是女人

宋：

你不来信，很可恨。

三首贺新凉词，做是做得很吃力，越看越不像样，简直是狗屁不通，你劝我以后不要妄想做诗人了好不好？

彭重熙称赞你很安分守己，我倒希望你惹事招非。

你实在太好，你简直不是女人。

否则此刻我在杭州了，虽则也许你还不曾知道。总之是你不好，明天等待着我的仍然是一整天的空虚。

矮小的中国女子，穿着西式晚礼服，很不好看。

圣灵赐给你满心的喜悦，愿你仍旧待我好。

朱

浅薄的人，人家的仆役，和狗，是世界上最神气的三种动物。

星期六之夜

初到上海来的时候，很有心学做一个gentleman[①]，可是终于很快

① gentleman：绅士。

地回复到vagabond[1]的路上。根性如此落拓，即使有一百个妻子拘管着我，我也不会变成gentleman的。

星期日晨自叹

① vagabond：流浪者。

要是我为你而情死了，你当然也应该抵命的

宋：

离放工还有半小时。星期三欠四页，星期四欠一页，今天做了十五页，一起拼命赶完了。**只想给你写信，好像要把我的心我的脑子一起倒出掏空才痛快的样子，你厌不厌烦，笑不笑我呢？**要是我能把我的灵魂封在信封内寄给你，交给你保管着（你爱顾他也好，冷丢[1]他也好），那么让我这失去灵魂的形骸天天做着机械的工作，也不会感到任何难过了。我深觉得，我们的灵魂比形骸更要累赘烦重，否则它早已飞到天上去了。

昨夜做了个梦，可是再也记不起做些什么。要是我今夜坐了汽车来看你，你欢迎不欢迎我呢？横竖我已认识了路，我会悄悄地摸到你睡着的地方的。**我希望你正酣睡着不看见我，我会静静地看守着你的睡眠，替你驱除恶梦，到了天将明，你未醒之时，我便轻轻地吻一下你的手，自个儿寂寞地回来。**

像得了心爱的宝贝一样，这才接到了你的信。我愿意永远作你的孩子，要是你肯做我的母亲的话。今晚我已心安了，我许给我自己一个甜蜜

① 冷丢：意为“弃置”。

的睡眠。

如果你母亲高兴见我，你为什么不留我多住一天呢？我回来之后，陆师母说我为什么这么要紧就回来，因为明天有假放。不过即使你留我，我也不想多住，因为衣服什么都没带来。

寻来寻去总寻不见你八月上半月给我的两封信，心里怪那个，你骂不骂我又丢了呢？如果要骂的话，请补写两封来，我一定好好藏着，再不丢了。**你有些信写得实在有趣，使我越看越爱。要是你怪我不该爱你，那么使我爱你的实在是你自己，一切我不知道，你应该负全责。要是我为你而情死了，你当然也应该抵命的。**

五块钱，给陆师母借去了，她也要向我借钱，可见紧缩之一斑。这星期底没得钱用，星期一发薪不知是否仍打折扣。但只要肚皮不饿（只是有得饭吃的意思，因为饿此刻就在饿），有得房子住，你待我好，什么都不在乎。我是个乐天者，我不高兴为物质问题发愁。

你想不出此刻我是多少快乐，快乐得想哭。谁比我更幸福呢？**比起你来，我也是要幸福得多，因为我的朋友是一个天使，而你的朋友只是一个傻小子。**

卅下午

你的信｜很使我肚皮饿

宋家姊姊：

真的，不瞒你说，你的信很使我肚皮饿。

发奉

《国际关系论》一部

定价三元八角五折实洋一元九角

尊客台照

平淡得乏味，你总不肯跟我吵吵架儿。连烦恼都没有寻处，简直活不了。

祝你不安静。

小巫，十五

我只想变做个鬼｜来看你

宋：

你的字写得真不好看，用横行写比较看上去齐整些。

这里连雪的梦都不曾做过，落在半空中便化为雨了，我们也不盼雪，根本没甚意思，还是有太阳可以走动走动活泼一些。一九三六年是在这阴惨的日子里开始了的，昨天的过去，不曾给我牵情的系恋。本来抵庄一个人在外边流浪一天的，看了一场早场电影《三剑客》，很扫兴，糖也不买，回来咕嘟着嘴躺在床上昏昏沉沉地看《醒世姻缘》泼妇骂街了。

天初冷时很怕冷，冷惯了些时却根本不觉得什么，每天傍晚或夜间，不论风雨，总得光着头在外边吹了一遍冷风回来。

有闲钱，自己印几本诗集送送人，也是无可无不可的顽顽儿，只要不像狗屁一样臭，总还不是一件作孽的事。只是不要印得多，也不要拉什么臭名人做臭序捧场，印刷纸张装订要精雅玲珑，分送分送亲近的朋友，也尚不失为风雅。可是不出诗集最好，因为这种东西实在只是自己写给自己看的。

我只想变做个鬼来看你，我看得见你，你看不见我。总有一天我会想你想得发痴了的。

我不要有新的希望，也不要有新的快乐，我只有一个希望，这希望就

是你，我只有一个快乐，这快乐就是你。祝愿魔鬼不要使我们的梦太过匆忙地结束，凭着Lucifer[①]的名字，Amen[②]！

Julius Caesar[③]

---

① Lucifer：魔鬼。

② Amen：阿门。

③ Julius Caesar：裘力斯·凯撒，古罗马杰出统治者。

未能追随芳躅，惟有望墨水壶而长叹

宋：

风雨如晦，天地失色，我心寂寞，盖欲哭焉。**今天虽然盼得你的信，可是读了等于不读，反而更觉肚子饿，连信封才七十字耳，吝啬哉！**

不知你玩得算不算畅快？鲰生无福，未能追随芳躅，惟有望墨水壶而长叹而已。

本来我也可以今天乘天凉回家去一次，但一则因为提不起兴致，二则因为钱已差不多用完，薪水要下星期一才有，因此不去，下星期已说定要去，大概不得不去，并非真想去。狗窝一样的亭子间，虽然我对它毫无爱情，只有憎恶，但在这世上似乎是我唯一不感到陌生的地方。

如果你要为我祝福，祝我每夜做一个好梦吧，让每一个梦里有一个你。如果现实的缺憾可以借做梦来弥补一下，也许我可以不致厌世。

愿你好。

X，四日

我 | 发傻劲呢

爱人：

写一封信在你不过是绞去十分之一点的脑汁，用去两滴眼泪那么多的墨水，一张白白的信纸，一个和你走起路来的姿势一样方方正正的信封，费了五分钟那么宝贵的时间，贴上五分大洋吾党总理的邮票，可是却免得我食不甘味，寝不安席，无心工作，厌世悲观，一会儿恨你，一会儿体谅你，一会儿发誓不再爱你，一会儿发誓无论你怎样待我不好，我总死心眼儿爱你，一会儿在想象里把你打了一顿，一会儿在想象里让你把我打了一顿，十足地神经错乱，肉麻而且可笑。你瞧，你何必一定要我发傻劲呢？就是你要证明你自己的不好，也有别的方法，何必不写信？因此，一、二、三，快写吧。

你真不替我挣气，毕业成绩还比不上丁幼贞

好友：

我心里非常之肉麻（我的意思是说悲哀），为什么永远不能产生出一种安定感，可以死心塌地地承受生活所给予的一切。我不是不满足，我也不想享受什么，我只想逃避，可是一切门都对我禁闭着。向上进不可能，向下堕落也不可能，有时我真渴想堕落。

要是明天你仍没有信来，我一定不吃饭。有的人三两个月给一封信我，我觉得他们怪亲切，待我这样好，这么不怕麻烦，可是等起你的信来老像要等脱半条命似的。

一个人要是做了基督徒，大概百分之九十五将来要落地狱，这地狱便是他们自以为是天堂的地方。

理想的世界是一切人都没有灵魂。

你真不替我挣气，毕业成绩还比不上丁幼贞，绩然连2都拿不到。

我要待你好——别肉麻！

野狼，十八

用一个肉天下之大麻的称呼｜称呼你

宋：

我想用一个肉天下之大麻的称呼称呼你，让你腻到呕出来，怎样?

你老是说不通的话，我不知道你把我的思想和精神怎样抱法？其实我是根本没有思想也没有精神的。

你的诗写得一天比一天没希望，如果真要做诗人，非得多发发呆，弄到身体只重五十磅为止不可。我承认你现在还是相当呆的，因此还能哼几句，像我因为很聪明，所以就写不起来了。

我很满足人生，你说你怕看见我也不能使我伤心。

昨天吃了很多冰淇淋。

此间需要小编辑一位，须中英文皆能过得去而相当聪明者，月薪至多五十，至少五十，你们班里如有走投无路的此项人才，可来一试。

不要哭，我仍旧欢喜你的，心肝!

廿七

开开抽屉，取出你的尊容来

清如：

你知不知道你是个了不得的人？今天我精神疲乏得很，想不要工作了，不工作又无法度日，影戏又没有什么好看，想去重看《野性的呼声》，因为对它我有非常好的印象（不管它把原著改窜到若何程度，单就影片本身说，清新、乐观、没有其他一切文艺电影的堆砌的伟大，又没有一点恶俗的气味，旷野中的生活是描写得够优美的，对白也非常之好，况且还有Loretta Young[1]的津津欲滴的美貌），可是抬不起脚来。

睡又不肯睡，因为一睡下去，再起来人便真要像生病的样子，夜里一定得失眠，而且莫想再做什么事。于是发了个狠，铺开纸头，揭开墨水瓶的盖，翻开书，工作；可是自己的心又在反叛自己的意志，想出种种的理由来躲避，诸如头痛啦，眼皮重啦，腰酸啦，没有东西吃啦；幸亏我的意志还算聪明，想出一个法子来哄慰我的心，于是开开抽屉，取出你的尊容来，供在桌子上我的面前，果然精神大振，头也不痛啦，眼皮也不重啦，腰也不酸啦，至于没有东西吃也没有什么关系。现在已把Tempest第三幕

① Loretta Young：洛丽泰·扬，20世纪美国电影演员。

翻好，还剩三分之一的样子，希望在四五天内完全弄好。

总之世上比你再可爱的人是没有了，我永远感谢不尽你待我的种种好处。我希望有一天……不说了。

无数的爱。

朱，二日晚间

不知你有没有回乡下去。

滴几点水在纸上｜当眼泪

妞妞：

你如不待我好的时候，我会耍许多花样，比如说拿红墨水写血书，滴几点水在纸上当眼泪，以及拿着救命圈跳黄浦，或宣传要自杀之类，你看好不好?

凡是我问你的问题，在我未问之前我早知道你怎样回答了。为什么你不说“你来也不好，不来也不好”呢？我以为这问题的起点在我而终点在你，所以非得请教你的意见不可。

拿到了五块钱，就上街去，买了一本《死魂灵》、一本《狱中记》、一本《田园交响乐》，都是新近出的好书，看过后就寄给你，目下还余两块多三块不到，大约到这星期日完结。不过我已写信问家里要钱去了，前两个月曾寄过一百数十块钱回去，因此他们不会骂我的。下个月的薪水大概只有拿一半的希望，听着似乎有点惨，其实对我并无影响，因为第一可以不必寄钱回家去，第二可以名正言顺地暂欠几块钱房租，这样一来，看影戏仍不生问题，因此人生是可乐观的，而中国也不会没有希望。

想到爱国这个问题，我说爱国是一个情感的问题。国民对于国爱不爱全可以随便，不能勉强的，但因为个人是整个国家的一分子，因此必然地他对于他的国家有一种义务，一个好国民即是能尽这种义务的人，而不一定要爱国。因为情感会驱使人们盲目，如果他的国家是一个强国，那么他会变成一个自私的帝国主义者，以征服者自命；假如他的国家是一个落后的国家，那么他会妄自尊大，抬出不值一文钱的“国粹”来自吹自捧，而压抑了进步势力的抬头。如果人人知道他的国家的不可爱，而努力使它变得可爱起来，那么这国家才有希望。中国并不缺少爱国的人，一听到闸北要有战争了，人人变成了“民族主义者”，然而他们的民族主义只能把他们赶到法租界去而已。

我待你好。

你的靠不住的

以后不许再生病了，否则我就要骂你

宝贝：

我知道你一定生了病了，谢天谢地，现在好了吧？**以后不许再生病了，否则我就要骂你。**

这两天我整天整夜都在惊惧忧疑的噩梦中，真的，我在害怕也许你会一声不响地撇下我死了，连通知也不通知我一声，这当然是万万不可以的。

下星期我来望望你好不好？到湖州还是打苏州转便当还是打嘉兴转便当？

今天据说是中秋，你不要躺在床上又兴起感慨来，静静地养养神吧。对于我，除了多破费几块钱外、中秋是毫无意义的。

停会再写。祝福你，可怜的囡囡！

伊凡·伊凡诺微支·伊凡诺夫，卅

我吻你一这里一这里一这里一丨还有这里

好人：

我不打你手心，我待你好，永远永远永远，对着魔鬼起誓，我完全不骗你。

你想不出我是多么不快活，虽则我不希望你安慰我，免得惹你神气。

我吻你一这里一这里一这里一还有这里。

你的，十六夜

我在生你的气，非常生气

My little baby child：[1]

I am angry with you，very angry. Why not write to your uncle，seeing him so lonely lying in hospital？ My health is rapidly recovering. This morning：pulse—72，temperature—98.4℉. Shall get up Jan. 1. Leave hospital Jan. 13. Will write you no more until I come out. God bless you.

Uncle Chu

① 大意为：我的小宝宝小娃娃：我生你的气，非常生气。为什么不给你叔叔写信呢？他那么孤零零地躺在医院里。我正在迅速地恢复健康。今早：脉冲—72，体温—98.4℉。我会在1月1日下床，1月13号出院。等我出院了再给你写信。上帝保佑你。朱叔叔

你｜马马虎虎点吧

清如夫子：

我相信你一定已经不生气了，所以虽然詹先生写了那样严重的信来，我可是一点也不发急。请罪未免多事，最好无条件开恩，十个月不写信时期太长了些，我看十天也尽够罚罚他了，如果你真是那样忍心的话。

不是说玩笑，我真想你得好苦，你马马虎虎点吧。

有人说他很爱你，要吃了你

清如：

在家没趣，只想回上海来。一回到自己独个儿的房间里，觉得这才是我真正的家。其实在我的老家，除了一些“古代的记忆”之外，就没有什么可以称为“我的”的东西；然而三天厌倦的写字楼生活一过，却有点想家起来了。家，我的家，岂不是一个ridiculous[①]的名词。

我常常是厌世的，你的能力也甚小，给我的影响太不多，虽然我已经感谢你，要没你我真不能活。

有经验的译人，如果他是中英文两方面都能运用自如的话，一定明白由英译中比由中译英要难得多。原因是，中文句子的构造简单，不难译成简单的英文句子，英文句子的构造复杂，要是老实翻起来，一定是噜苏累赘拖沓纠缠麻烦头痛看不懂，多分是不能译，除非你胆敢删削。——翻译实在是苦痛而无意义的工作，即使翻得好也不是你自己的东西。

我们几时绝交？谁先待谁不好？

愿你好。有人说他很爱你，要吃了你，因此留心一些。

常山赵子龙，十一

① ridiculous：荒谬的。

小确幸

谢谢你｜给我一个等待

好：

谢谢你给我一个等待。做人最好常在等待中，须是一个辽远的期望，不给你到达最后的终点，但一天比一天更接近这目标，永远是渴望，不实现也不摧毁，每天发现新的欢喜，是鼓舞而不是完全的满足。顶好是一切希望完全化为事实，在生命终了前的一秒钟中。

我仍是幸福的，我永远是幸福的。世间的苦不算甚么，你看我灵魂不曾有一天离开过你。

祝福你！

朱，十五下午

做一个对你 | 有一点益处的朋友

宋：

才板着脸孔带着冲动写给你一封信，读了轻松的来书，又使我的心弛放了下来。叫他们拿给你看的那信已经看到？有些可笑吧，还是生气？实在是，近来心里很受到些气闷，比如说有人以为我不应该爱你之类；而两个多月来离群索居的生活，使我脱离了一向沉迷着的感伤的情绪的氛围，有着静味一切的机会，也确使我渐对过去的梦发生厌弃，而有努力做人的意思。

我真希望你是个男孩子，就这一年匆匆的相聚，彼此也真太拘束得苦。其实别说你是那么干净那么真纯，就是一些人的冷眼，也会把我更有力地拉近了你的。**我没有和平常人那样只闹一回恋情的把戏，过后便撒手了的意思。我只希望把你当作自己弟弟一样亲爱。论年岁我不比你大甚么，忧患比你经过多，人生的经验则不见比你丰富甚么，但就自己所有的学问，几年来冷静的观察与思索，以及早入世诸点上，也许确能做一个对你有一点益处的朋友，不只是一个温柔的好男子而已。**

对于你，我希望你能锻炼自己，成为一个坚强的人，不要甘心做一个女人（你不会甘心于平凡，这是我相信的），总得从重重的桎梏里把自己的心灵解放出来，时时有毁灭破旧的一切的勇气（如其有一天你觉得我对于你已太无用处，尽可以一脚踢开我，我不会怨你半分），耐得了苦，受得住人家的讥笑与轻蔑，不要有什么小姐式的感伤，只时时向未来睁开你的慧眼，也不用担心什么恐惧什么，只努力使自己身体感情各方面都坚强起来，我将永远是你的可以信托的好朋友，信得过我吗？

也许真会有那么海阔天空的一天，我们大家都梦想着的一天！我们不都是自由的渴慕者吗？

现在的你，确实是太使我欢喜的，你是我心里顶溺爱的人。但如其有那么一天我看见你，脸孔那么黑黑的，头发那么短短的，臂膀不像现在那么瘦小得不盈一握，而是坚实而有力的，走起路来，胸膛挺挺的，眼睛明明的发光，说话也沉着了，一个纯粹自由国土里的国民（你相信我不会爱一个“古典美人”？虽然我从前曾把林黛玉作为我的理想过），那时我真要抱着你快活得流泪了。也许那时我到底是一个弱者，那时我一定不敢见你，但我会躲在路旁看着你，而心里想，从前我曾爱过这个人……这安慰也尽可以带着我到坟墓里去而安心了。这样的梦想，也许是太美丽了，但你能接受我的意思吗？

为了你，我也有走向光明的热望，世界不会于我太寂寞。

来信与诗，都使我快活。每回你信来，往往怀着感激的心情，不只是欢喜而已。诗以较高的标准批评起来，当然不算顶好，以你的旧诗的学力而言，是很可以满意的了。第一首嫣嫣两字平仄略不顺，不大要紧，第二句固是好句子，但蹈袭我的句子太甚，把犹袭二字改为空扑吧。三四句平顺无疵。总观四句，略欠呼应，天上人间句略嫩，听之。此诗改为：

霞落遥山黯淡烟，残香空扑采莲船，

晚凉新月人归去，天上人间未许圆。

（两人字重复，因此读上去觉不顺口。倘把人归去的人改为郎字，却是一首轻倩的民歌。也许你会嫌太佻，但末句本不庄，故前面的人字不能改君字。）新月映带未许圆，使天上两字不落空。

第二首全体妥。糜字用得新，也许你用时是无意的？

第三首第二句微波漪涟重复，漪字平仄不对；第四句万般往事俗，改为年年心事即佳。全首改为：

无端明月又重圆，波面流晶漾细涟。
如此溪山浑若梦，年年心事逐轻烟。

三首诗情调轻灵得很，虽然还少新意，不愧是我的高足，我该自傲不是？

前次绝句二十首之后，又做了十一首，没有给你看。前几首较好：

春水桥头细柳魂，绿芜园内鹧鸪痕，
蜀葵花落黄蜂静，燕子楼深白日昏。

倚剑朗吟毵字栏，晚禽红树女萝残，
何当跃马横戈去，易水萧萧芦荻寒。

半臂晕红侧笑嫣，绿漪时掀采莲船，
莲魂侬魂花侬色，蛙唱满湖莲叶圆。

迟雪冲寒鹤羽毵，偶尔解渴落茅庵，

红梅白梅相对冷，小尼洗砚蹲寒潭。

略有宋诗调子，第三、四两首都故作拗句。又第九首：

秋花销瘦春花肥，一样风烟雨露霏，
萧郎吟断数根须，懊恼花前白袷衣。

第十一首：

燕子轻狂蝴蝶憨，满园花舞一天蓝，
仙人年幼翅如玉，笑漱银铃酡脸酣。

则是我诗里特有的童话似的情调。

天凉气静，愿安心读书，好好保重。

朱朱，廿三夜

秋兴杂诗七首，本没有给人看的意思，但张荃既有信给我，也不妨抄下来并给伊一读，我没有另外给伊写信的心向[1]。

① 心向：意为“心思”。

比从前 | 幸福得多

宝贝：

现在是九点半，我想你大概已经睡了，我也想要睡了。心里怪无聊的，天冷下雨，没有东西吃，懒得做事，只想倚在你肩上听你讲话。**如果不是因为这世界有些古怪，我巴不得永远和你厮守在一起。**

你说我们前生是不是冤家？我向来从不把聚散看成一回事，在你之前，除你之外，我也并非没有好朋友，不知道为什么和你一认识之后，便像被一根绳紧紧牵系住一样，怪不自由的，心也不能像从前一样轻了，但同时却又真觉得比从前幸福得多。

不写了，祝你快乐！

十九夜

想到你时，总是好像有点例外

清如：

好了吗？怎样的悬念着悬念着。

我脾气确实近来也坏了，常常得罪人，因为“戏慢”[①]他们，昨天被彭同任教训了一顿，我是不好，他们却可笑。

常常气闷得很，觉得什么人都讨厌，连自己的影子也讨厌，很愿意一个朋友也不要。不过想到你时，总是好像有点例外。如果我不认识你，我一定更不幸。

愿你健康，愿你快乐，一切的平安给与你！杜鹃花几时红起来，山中该热闹了呢。我没有希望，没有真能令我快乐的事物，虽也不愿颓唐。**只有一个冀念，能够在可能的最近再看见你，我将永远留一个深心的微笑给你，那是一切意望之花，长久的伫候里等待着开放的。**

虽然是怎样无意味的信呵！

朱，廿二上午

① 戏慢：意为“怠慢”。

醒来觉得｜甚是爱你

昨夜我看见郑天然向我苦笑。你被谁吹大了，皮肤像酱油一样，样子很不美，我说，你现在身体很好了，说这句话，心里甚为感动，想把你抱起来高高的丢到天上去。**醒来觉得甚是爱你。**

这两天我很快活，而且骄傲。

你这人，有点太不可怕。尤其是，一点也不莫名其妙。

朱

给你写信｜是乐事也是苦事

清如：

William Davies说的：

What is this life，if，full of care，

We have no time to stand and stare？①

如果我向上帝祈求，我将说，给我充分的悠暇吧！**看云的悠暇，听雨的悠暇，赤脚在椅背上打盹的悠暇，做诗、谈恋爱、自寻烦恼的悠暇，或者就是全无思虑的，在一两点钟内给朋友写一封无所不谈的随笔的信的悠暇。**然而我的心是那么空虚又那么惶惑，那么寂寞又那么懒。实在我有许多偶然触及的思想，一些偶然忆起的琐事，我闷得很，我很需要告诉你，然而总似乎没有气力把这些搬到纸上。**给你写信是乐事也是苦事，我也说不出我是如何思念你。**

生涯是全然的无望。

---

① 20世纪英国诗人威廉·亨利·大卫（William Davies）的两句诗，意为：如果什么都得操心，那将过得是什么日子？/我们将再没时间驻足凝望。

我心里有歌唱，有希望，有你

阿宋：

今天是星期，你猜想我很无聊吧？无聊是有些的，还不难过。**我心里有歌唱，有希望，有你。**

昨天回来，看完了顽童汤姆莎耶的故事，唱唱歌，很高兴，不曾忘记你。夜里做乱梦，姑母赶来上海责我在外面游荡，很怨。在把三年来的新旧诗词整理抄集起来，约有三百面光景，你看过的居多，等你来的时候，托你代我保存。

朱

比宋再好的人，我想是没有了

宋：

信不知怎样写法。有时我常惭愧我自己，也会觉得我不配作你的朋友，有时。

我本来不算生病，人照常好。我想我并不太苦，也许有点太幸福，我想。

在这世上，比宋再好的人，我想是没有了。

今天不放假也好。天仍是阴，心里仍是闷。但无论如何，我算在友情里（可不可以说你的？）找到了活在世上的意义，寂寞实在是够人耐的。**让我永远想望那一点天外的星光过活，纵便看不见他，在梦里我要给他无数吻。**

我们人类的感觉，许多是在自己的感觉里夸张了的，我们正也需要这类的夸张。

愿你有一切的快乐，我是你的。

朋友，五日

那个“有人”|便是我

亲爱的朋友：

今天才回上海，你一日发的信在我去后到，今天才看见，希望你眼皮上的东西已没有了。你真是苦恼子相，要不要我疼你？

已经决定今夜不写信了，可是不写总不成功，在家里，则想写想写总写不出什么话来，除了我爱你。

告诉我谁骂你是滑头，当然也许他也有他的理由，但有人说你是最甜也是最可信赖的好人，你承认不承认？（那个“有人”便是我。）

写信总是那么写不痛快，我真是盼望看见你，就是不说一句话也好。顶好是有五六天样子在起盘桓，然后再分别。过分的幸福反而不好的，因此我不敢盼望不别的永聚，只要别得不太久远，聚得不太匆促，那么生活也就很可满足了。

生命是全然的浪费，用一个两个钟头写一封无关重要的信，能够邀得心心相印者的善情的读诵，总算是最有意义的事了。

感爱思慕的话是无从诉说的，但愿你好，康健，快乐，有一切福。

朱，八日

几时离家？

出卖安慰，买一送一

孩子：

你不来，不是我又要生气了吗？事实是你不愿来看我，我知道你不过说说而已，因此这回并不怎样希望着。

朋友这称谓不很好，当我乘电车的时候，卖票的揩油，他也说，朋友，对不起。为着表示感情起见，最好称好友。

告诉你，活着全然是多事，既然活着根本就是多事了，因此有时索性不必怕多事，把一生这么闹一下子也好。

我们没有春假，但我要回家去，好像告诉过你了？也许不曾，我的弟弟讨老婆。

我这里出卖安慰，买一送一，无奈生意萧条，你如肯惠顾，无任欢迎，不过货色有些发霉，为尊重商业道德起见，先行通告，

“一死尚怜－－－，多情应谢－－－，

“寒因－－－－－，病到－－－－－。”

愿你快乐，大概今生永不会再看见你了。

朱，廿四

看宋清如｜甜甜地睡觉

我想要在茅亭里看雨、假山边看蚂蚁，看蝴蝶恋爱，看蜘蛛结网，看水，看船，看云，看瀑布，看宋清如甜甜地睡觉。

我觉得我已跟残废的人差不多了，五官（想来想去只有四官，眼耳口鼻之外，还有那一官不知是简任官还是特任官）都已毁损，眼睛的近视在深起来，鼻子的左孔常出鼻血，左耳里面近来就睡时总要像风车一样哄隆哄隆扇了一阵，嘴里牙齿又有毛病，真是。

一切兴味索然，活下去全无指望，横竖顶多也不过再有十年好活，我真不想好好儿做人，恨起来简直想把自己狠狠地糟蹋一阵。

你顶待我好而且待我顶好 | 是不是？

宝贝：

要是我的母亲“宝贝、心肝、肉肉、阿肉、阿宝、囡囡、弟弟、阿囡、好囡、乖囡、乖宝、小囡”地叫我，我一定要喊她“不要肉麻”。用一种喊法已够，一连串地叫起来，不亦过甚乎？

我伤心得很。

最好我们逃到一个荒岛上去，我希望死在夕阳中，凝望着你的出神的脸。

世上竟有没出息的男子如小生者乎？我最怕人家对我说两句话，一句话是“不要浪费你的时间，好好努力”，一句话是“年纪不小了，快快结婚”。结婚的成为问题不只单单在于成为一个女人的丈夫，还得兼为她的父母的女婿，她的伯叔的侄婿，她的兄弟姐妹的姐夫妹夫，她的姐夫妹夫的连襟，以及说不清的种种关系，以及她的儿子女儿的父亲，岂不难于上青天乎？

Chief[①]诚意地要介绍“女朋友”给我，我说不要，因为这种事情太

---

① Chief：首领。

Awkward[1]。

我一点学问也没有，学问是可以求得的，我的毛病是我看不起学问。你看怎么办？要我做起文章来，著起书来，一来都不来。我想不出我有什么用处。

唯一的自慰是你并不比我高明。

我待你好，不许骂我。

十六

有的好花是短寿的，但好花不一定都短寿。蔷薇你又写成了“薇薇”。

你顶待我好而且待我顶好是不是？

这封信被刀挖得多么可怜，你疼不疼它？

---

① Awkward：难为情。

我很快活，我很快活，la la la

因为心里好像很高兴，所以就有点安定不下，所以就有点烦躁，所以觉得很气闷，所以心里不高兴。听见别人唧唧唧的谈话声，怪心烦的，没法子，写信。你不应该怪我老找你麻烦，因为是没法子，虽说是不久荒唐了两天回来，但星期日不准出去，总有点怨。特此声明，请你不要……

其实我很快活，我很快活，la la la。

我觉得我如作得出诗，一定会胖起来。从前多有趣，自命谪仙人的那种神气，现在只好自命为猪猡了，而且是瘦得不中吃的猪猡。呒啥话头，也无怪你不爱我。

你不要待朱朱好，他不好。

十九下午

明天我答应你不再写信。

记取我们|简单的故事

今天你不曾望我吧？大概我的信总不至于不收到。

昨晚我到苏州，今天玩灵岩天平山，从早晨六点半出发，傍晚五点多回来，两山的顶上都去了。灵岩已去过，即不曾去过也无甚味道，天平比较好玩些，因为路难走，穿着皮鞋鼓勇上去，不敢相信还会走得下来，然而仍然走上去。在上海居二年余，平常一点点路都要贪便坐电车，很担心脚力不济，然而一试验之后，大为安慰，回来后一点不吃力。在苏州搭八点钟车回上海，此刻十一点半，完全不疲倦，觉得非给你写信不可。前天起微微有些牙痛，今天一跑已经跑好了。暂时有些回复了，像在之江时的那种心境，在慢车中读李金发的诗集《为幸福而歌》，觉得不是全无味道，回来的车子比去时的特别快车似乎快得多。

评《为幸福而歌》：李金发的诗，最大的毛病在乎不精练，缺少unity[①]，只是一堆印象的随便的无组织的集合，再加以不可解，其实是不通的成分，使人不耐卒读，但真如细心读下去，也能发现一些确乎可爱的诗句，他有好的句子，有时有好的stanza[②]，但绝难写出一首完整

---

① unity：一致性。

② stanza：（诗）节。

的好诗。

每当静寂的时候，我便欲抱头恸哭或低吟，但我忘却了美丽的歌儿，恸哭又觉羞怯，

领羊的好人儿，切勿无礼于我，引我到山头去，露珠全湿我群裾。……

——讴歌

这是模仿Song of Songs的。

……

——“你还记得否，说仅爱我一点？”——“时候不同了”，——“我们是人间不幸者”，——“也可以说啊”。声音更小了，喁喁地……惟夜色能懂之。

——墙角里

像Verlaine[①]的某首诗。

眼帘渐觉朦胧，怕不是炊烟散漫？吁，送点萧瑟之声来，游子失了归路！

——柏林Tiergarten[②]

生命之河流上，缺点顾盼的时光，况拉手疾走，足音在远处筑然。

——Paroles[③]

如今重来，我们几不相识了，你虽老了一点，但闲懒的动作与疾徐的唱，我们是惯听的，再见！我将在远远处望望你，携手是不必了。

——海潮

---

① Verlaine：魏尔伦，19世纪法国象征派诗人。

② Tiergarten：动物园。

③ Paroles：诺言。

呵孩子！何以有此痛哭，你觉得在怀抱里孤寂吗？

——多少疾苦的呻吟

你低唱里有断续的句：呵你是秘鲁的美人，生长在Titiyamtata am Titikakasec（注：这几个外国字读起来甚有味）……那边一大树，树上一苹果，我非常愿意要……我们一齐去吧，那面牛乳与茶是美味，拥被同睡在指环里（注："指环"不解）…………不肖的媛媛儿阖眼睡吧，我既长大了你何以年轻，妈妈将留心你的饥渴…………犬儿在月下吠了，呵倦怠的游行者，何不于日落之前赶到我家里……

——呵你是秘鲁的美人

记取我们简单的故事：你臂儿偶露着，我说这是雕塑的珍品，你羞赧着遮住了，给我一个斜视，我答你一个抱歉的微笑。空间静寂了好久，若不是我们两个，故事必不如此简单。

——记取我们简单的故事

……秋是我们的忠巨，他尽力保存我们之印象，与生命中应消失之最美满的一刻，他不嫌你衰老，同款步在落日里，他可给你一千句回答，如你怀想远地亲热之分离；……

——秋老

大神喊道：你如此年轻而疲乏之游行者，到何处去飘泊？没有一个山川的美丽，如兄妹般等候着你，没有一个生人，回复你亲密的点头，即流泉亦失望地向你逃遁。

——明星出现之歌

愿我们一天重见（千万莫叙离衷）。仍旧交付我浅绿的平浦，忠实的溪流，低唱重逢之曲。杨柳与槐无裙裾地随风喜跃，月儿将怪我性好漂流，复逃归故土了。可是我有话对他说；你只要交付我浅绿的平浦，忠实的溪流，低唱重逢之曲。

——偶然的Home-sick[1]

爱情不过是一滴水，亦是回声的反响，水是易干的，回声随处消散；当夕阳西下天际，带着哀伤之色，牧童的羊群，颠沛着足在远处徐来，长林仅现微黑，夜儿带恐吓之气息来了，我求你同叹息此日不长在。

——我想到你

我宽宥你过于皇上的大赦，当你娇嗔过分等等时，我宽宥你像重复追问之人的不明白。

——我对你的态度

我待你好如同我的待你好一样。我希望不久来看你，我愿意被你杀死。

朱朱，十日夜

① Home-sick：相思症。

爱人赠我一包糖，何以报之兮瓜子大王

弟弟：

你写得出信写不出信我都不管，如果我在想要读你的信时而读不到你的信，我便会怪你。不过你也可以不必管我的怪不怪你。我怪你有我怪你的自由，你写不出信有你写不出信的自由。写信的目的是在自己不在别人，因此我并不要你向我尽写信的“义务”，虽则你如不给信我，我仍然要抱怨你的。而这抱怨，你可一笑置之。

曲子填得很像样，不过第二阕似有一二处不合律，如“一天飞絮”句，“冻禽无声”句。

似乎我曾告诉你过我的诞辰，否则你不会说“忘了”，不过我也忘了我告诉过你的是那一个日子，因为我的诞辰是随便的。闻诸古老传说，我生于亥年丑月戌日午时，以生肖论是猪牛狗马，一个很光荣的集团！据说那个日子是文昌日，因此家里一直就预备让我读书而不学生意。是为宣统三年十二月十五日，因为我不愿意把自己的生日放在废朝的岁暮，做一个亡清的遗婴，因此就把它改作民国元年二月二日，实际上这二个日子在一九一二年的日历上是同一个日子。不过我并不一定把这一天作为固定的生日，去年我在九月三十过生日，因为我觉得秋天比较好一些，那天天晴，又是星期日，我请吴大姐吃饭，她请我上大光明。之后她生了我气

（是我的不好），后来大家虽仍客客气气，并不绝交，不过没有见过面。

你的生日大概在暮春或初夏之间是不是？我想你应该是属牛的，因为如果你属老虎，那将比我弟弟还要年轻几个月，有些说不过去，照理你应该比我还大些，不过这个我想还是怪我生得太早罢。作诗一首拟鲁迅翁：

我所思兮在之江，
欲往从之身无洋，
低头写信泪汪汪。
爱人赠我一包糖，
何以报之兮瓜子大王，
从此翻脸不理我，
不知何故兮吊儿郎当！

今天《申报》上标题《今日之教育家》的社评做得很好，他说今日学校之行政者不应因循怕事，徒为传达上司命令的机关，应当与学生步调一致，以争国家主权的完整，谈安心读书，此非其时，第一该先有可以安心读书的环境。我说这回的学生运动如果仍然被硬压软骗的方法消灭了去，未免可惜，虽则事实上即使一时消灭了将来仍会起来的，但至少总要获得一些除欺骗以外更实在的结果。

我顶讨厌满口英文的洋行小鬼，如果果然能说得漂亮优美，像英国的上流人一样那倒也可以原谅，无奈不过是比洋泾浜稍为高明一点的几句普通话，有时连音都读不准确。我一连听见了几个tree，原来他说的是three。我也不懂为什么取外国名字要取Peter，John一类的字，真要取外国名字，也该取得高雅些，古典式的或异教风的，至少也要拣略为生僻一些，为着好奇的缘故，这才是奴洋而不奴于洋。

女人最大的光荣在穿好的衣服，这是指一般而言。

我昨夜做梦，做的是你和Sancho Panza（吉诃德先生的著名的从者）投义勇军的故事，你打扮得很漂亮，脂粉涂得很美，穿着一件绿袍子。你有些不大愿意入伍，想写好信请邮务局长盖印证明有病暂时请假，后来我说不要，我也从了军大家一起上前线吧。那个Sancho Panza这蠢小子，原是我的仆人，他在一个有芦席棚的院子内和许多人一起喝茶谈天，忽然有人来说你们这些人中应当推出二十个年富力强的人作为代表而加入义勇军，可怜的Sancho也在二十人之列，他本是个乐天和平的家伙，吓得屁滚尿流。

今天早上天已亮人已醒的时候，在枕上昏昏然做起梦来，梦见在一节火车里，有一个少年因受家庭压迫而逃出来，忽然跳上好几个持手枪的人来，勒令停车，逼这少年跟他们同回家去。正在这时候，娘姨端进面水来，我并不曾睡着，随随便便看了看表，已经八点半了，连忙起来，梦便不复做下去，可是很关心那少年不知是否终于屈服。这确实是个梦，并不是幻想，而且火车里的群众，少年的面貌，持枪者的衣服，起身的时候都还记得。

贵同乡徐融藻很客气向我贺年，你如高兴见了他为我谢谢。

虽然写不出什么来了，总还想写些什么似的，算了。我待你好。

叽里咕噜，十二月卅日

我正在想着|我的宝贝笑哩

宝贝：

说得那样可怜。自己要别人忘记你，别人信刚写得略微迟一点就那么急，真有意思！我不会恼你的，即使你的话说痛了我的心也仍是欢喜你的。也许你望着月亮的时候，我正在想着我的宝贝笑哩，或者是正神往于那天的同游也说不定。

回答我，不准含糊：究竟您愿我待你好还是不愿我待你好？只回答我愿与不愿，不准说其余的话。如不回答，只算你默认愿意。

明儿你上北方去，大概我已经死了，否则总不会不知道，也许我连做人的一半资格都没有，所以你说没有半个人知道。我想我一定要更多的写信给你呢，也许那时心情好一些，能说一些略为有意思一点的话，你也有更多的物事好告诉我吧？**别离是只使我更爱你的，想到我的好人一个子跑得那么远，无论如何，要不爱她是不行的。**

日子过得非常恶劣，只想你是我的安慰，昨夜我梦见你的。

朱

我为之江 | 恋你

清如：

天一晴，就暖，一阴一雨，就冷。今天又下雨了。然而晴雨终引不起我任何感兴，随便怎么总是一样的。但你的每一封信，给我的喜悦，却也可说是一线阳光的照耀，也可说是一阵甘霖的滋润。即使是深知如你也没法想象你的一句轻轻的话，对于我有何等感激奋发的力量。

人真是感到辛苦得很，巴不得有一个月休息才好。如不是你安慰着我，我真不乐此身，老是这样活下去在这种寂寞的地方，真不是可以开玩笑的。何况心里的冤屈诉说不尽，我简直不愿想起从前的一切。**除了你之外我愿意忘记一切，一切都只是梦而已，只让我相信你是真实，我爱你是无限的。**

不要对自己失望，你有很好的天禀，作品的内容是会随生活经验而丰富起来的，至于读书乃是一种助力和修养，我永远期望你比我有出息一些。

想起你在杭州的时候大概不会多了，我为之江恋你。

愿你永远快乐！

朱朱，十日傍晚

你是天使，我是幸福的王子

好友：

我懒得很，坐在椅子里，简直懒得立起身来脱衣裳睡觉，看了几页小说，闭了眼睛出了一下神，又想写信，又有点不大高兴。今天有了钱，也吃到了你的糖，糖因为是你给我吃的，当然格外有味，可是你知道，一个人无论怎样幸福怎样快乐，如果他的喜乐只有自己一人知道，更没有一个可以告诉的人，总是非常寂寞的。如果我有一个母亲或知心的姐妹在一起，我会骄傲而满足地对她说，“妈，你瞧，我有一样好东西，一包糖，‘她’给我的。”她一定会衷心地参与我的喜乐，虽然在别人看来，一点也不值得大惊小怪的。

编辑所里充满了萧条气象，往年公司方面裁员，今年有好几个人自动辞职，人数越减越少，较之我初进去时已少了一大半，实在我也觉得辞了职很爽快，恋着这种饭碗，显得自己的可怜渺小，可是自己实在什么都不会干，向人请托谋事又简直是要了我的命，住在家里当然不是路数。我相信我将来会饿死。

听两个孩子呼名对骂，很有味道，打着学堂里念书的调子彼此唱和，哥哥骂妹妹是泼婆大王，妹妹骂哥哥小赤佬，以及等等。

明天再说。**你是天使，我是幸福的王子。**

朱，十一

有你在一起 | 总值得活

好人：

前晚兄弟来，和他玩了一晚一天，昨天回去时很吃力，因此写不成信。

你很寂寞，如何是好？我又想不出说什么话。

曾经梦和你纳凉夜话（据说我们已结婚了好多年），只恨醒来得太早。**我希望我们变作一对幽魂，每夜在林中水边徘徊，因为夜里总是比白天静得多可爱得多。**

我想你活不满六十岁，但也不至十分短寿（因为现在已经很老了，是不是？），我希望你不要比我先死，但如果我比你先死我也要恨的，最好我们活同样年纪。**我很愿我们都活三百岁，无论做人怎样无聊，怎样麻烦，有你在一起总值得活。**

这信暂时以此塞责，等我想想过后再写。

我待你好。

鲸鱼，十七

不胜诚惶诚恐之至，臣稽首

女皇陛下：

我希望你快些写信给我，好让我放心你已不恼我了。至少也得告诉我一声十个月不写信是从哪一天算起，好让我自即日起伫颈期待它的满期。我很欣幸你恼我得并不彻底，否则你会说永远不再写信给我的。既然不是彻底的恼，那么最好还是索性不恼，因为恕人者最快乐，而我也将感恩不尽，永远纪念你的好处。我不愿说保证以后不再有这种事发生，因为也许为了空间的时间的、心理的生理的、物理的化学的、形而上的形而下的、物质的精神的、个人的社会的种种关系，仍旧会身难自主。

叔本华说得好，“人类是环境之奴”（叔本华并没有说过这句肤浅的话，至少我不曾读过叔本华，不知道他曾说过这句话）也。但为了对你表示最大的忠诚与感激起见，总将竭力避免此等事件之再发生，倘不幸而力有未逮，则惟有等待挨骂一顿，之后复为君臣如初，此则私心之所企祷而无任拜悚者也。否则的话，我虽不至于幼稚过火得向你说“人生无趣，四大皆空，一切有为法，如梦幻泡影，Vanity，vanity，allis vanity[①]，

① Vanity，vanity，allis vanity：空虚，空虚，一切都是空虚。

行将自杀以谢君”。当然也不至于sophisticated[1]得喝香槟酒，搂舞女以消忧。

但我这奇怪的我会无聊得狂吃东西，以至于生了胃病，是或有可能的。虽然也许现在你要咒我呕血，但真呕血之后，你一定要悔恨；同样你也决不真的希望我生胃病的是不是？**太阳、月亮、火炉、钢笔、牛津简明字典，一起为我证明我对于你的忠心永无变更，不胜诚惶诚恐之至，臣稽首。**

① sophisticated：世故的。

不再分离，即使是在很老很老的时候也好

清如：

从前我觉得我比你寂寞，现在我觉得你比我更寂寞得多。我很为我们自己忧虑。

今天下午我试译了两页莎士比亚，还算顺利，不过恐怕终于不过是poor stuff[1]而已。当然预备全部用散文译出，否则将要了我的命。

你天津的事情有没有成功？我觉得教书不甚合你的个性。但也许世上还没有发明出一种为我们所乐就的职业。

不知道我有没有告诉过你？我的大表姐有四个儿子，二个女儿，第四个的男孩子是个心地忠厚，但在兄弟行中是最不聪明的一个，今年也怕有十三四岁了。一次被他的最小的妹妹欺负到哭起来，也没有人帮他。我因为是他的“老朋友”，便挈着他到近郊走走安慰安慰他。他一路拭眼泪，一路向我说做人的无趣，谁都不待他好，他说他不高兴读书（因为总是留级），学商也没有趣味，顶好是穿了短衣，赤了脚，做个看牛孩子，整天在田野里游荡，“多么写意！”这些话要是给他母亲听见了，准要说他没

① poor stuff：劣质品。

出息，一顿骂，但我觉得一点都不错。

我想不出再要向你说些什么话，我也想不出你有些什么话好对我说，但你无论向我说什么无聊的话，我都一样乐意听的，而且你也不要以为我不肯听你话，因为在世上你是我唯一肯听话的人。不是我现在不再每天给你写信了？因为你不喜欢太多的信。虽然我巴不得一天到晚写信给你，即使单是握着笔，望着白纸，一个字写不出，这么从天亮呆坐到天黑也好，因为这样我可以不想到别的一切，只想着你，只有在想着你的时候我才会感到幸福不曾离弃我。我希望有一天我们将永远在一起，不再分离，即使是在很老很老的时候也好，甚或在死后也好，如果人死后灵魂尚存在的话，不知道这是不是奢望。

一切的祝福！

我欢喜你给我取一个名字，你曾许过我。

你的兄弟，廿一

因为我们是太温柔了丨的缘故

青女：

从前以为年青人谈精神恋爱是世上最肉麻的一回事，后来才知道人世间肉麻事，大有过于此者。放眼观之，几无一事不肉麻，所谓生命也者，便是上帝在不胜肉麻的一瞬间中创造出来的。人要不怕使人肉麻，才能成为大人物；至少也要耐得住肉麻，才能安然活在世上。否则你从早上起身到晚间睡觉之间的几多小时内，一定会肉麻而死的。展开报纸来，自从国际要闻起直至社会新闻报屁股，无论那一条都是肉麻的文字。除非你一个人关了房门闭起眼睛天不管，否则便不免要看到一切肉麻的事；然而即使一个人关了房门闭起眼睛天不管了，你也会发觉在你的脑中有许多肉麻的思想。

战争在三四月间发动，我私人方面所得的可靠消息也是这样说。我们即使不就此做亡国之遗民，至少总也有希望受到一些在敌人势力下的滋味。

说你是全然的温柔婉约当然有些过分，不过人家所说的浪漫当然也和我所认为的那种浪漫不同。也许别人所斥责的过于浪漫，我仍然会嫌太温柔也说不定。我们的灵魂都是想飞，想浪漫的，但我们仍然局促在地上，像绵羊一样驯服地听从着命运，你说这不算温柔吗？太浪漫的人是无法在这世上立足的，我们尚能不为举世所共弃，即是因为我们是太温柔了的缘故。

有许多话，但是现在一时说不起来。等想想再说吧。

我欢喜你，我欢喜你，我欢喜你，而且我欢喜你。

朱儿，十二

好让｜你欢喜我

宋：

你走得这样快，没有机会再看见你一次，很是怏怏，不过这也没有什么。你要不要我向你说些善颂善祷的话？

今天往轮船码头候郑天然，没有碰着，因为他没有告知我确实的时间，赶去时轮船已到，人已走了。也许明天会打电话给我。

抄写的东西我想索性请你负责一些，给我把原稿上文句方面应当改削的地方改削改削，再标点可不必依照原稿，因为我是差不多完全依照原文那样子，那种标点方法和近代英文中的标点并不一样。你肯这样帮我忙，将使我以后不敢偷懒。纸张我寄给你，全文完毕后寄在城里。

希望一切快乐等在你前面。要是我做你的学生，我一定要把别的功课不问不理，专门用功在你的功课上，好让你欢喜我。

多雨而凄凉的天气，心理上感到些空虚的压迫，我真想扑在你的怀里，求你给我一些无言的安慰。

永远是你的怀慕者。

三日

抄几节俏皮话｜你看

宋先生：

窗外下着雨，四点钟了，近来我变得到夜来很会倦，今天因为提起了精神，却很兴奋，晚上译了六千字，今天一共译一万字。我的工作的速度都是起先像蜗牛那样慢，后来像飞机那样快，一件十天工夫作完的工作，大概第一天只能做2.5/100，最后一天可以做25/100。《无事烦恼》草稿业已完成，待还有几点问题解决之后，便可以再用几个深夜誊完。起初我觉得这本戏比前几本更难译，可是后来也不觉得什么，事情只要把开头一克服，便没有什么问题。这本戏，情调比《梵尼斯商人》轻逸，幽默比《温莎的风流娘儿们》蕴藉，全然又是一个滋味。先抄几节俏皮话你看：

裴：现在请你告诉我，你为了我身上的那一点坏处而开始爱上了我呢？

琵：为着你所有一切的坏处，它们结起了联合防线，不让一点点好处混进了队伍里。但是你最初为了我的哪一点好处而被爱情所苦呢？

裴："被爱情所苦"，好一句警句！我真是被爱情所苦，因为我的爱你完全是违背本心的。

琵：我想你对于你的本心太轻视了。唉，可怜的心！要是你为了我的缘故而把它轻视，那么我也要为了你的缘故而把它轻视了；因为我的朋友所不欢喜的，我也一定不爱。

裴：我们两人太聪明了，总不能好好儿地讲些情话。

琵：照你这句话看起来，有点不见得吧；二十个聪明人中间，也没有一个会恭维他自己的。

裴：琵菊丽丝，这是一句从前太古有道盛世，人人相敬的时代的老生常谈，当今时世，要是一个人不自己预先给自己立下了墓碑，等葬钟敲过，老婆哭了一场之后，便再不会给人记得了。

琵：那你想会有多久呢？

裴：问题就在这里。钟鸣一小时，泪流一刻钟。因此只要于心无愧，聪明人把他自己的美德宣扬，就像我现在一样，是最得策的事。我自己可以作证，我这人的确了不得。

琵：主啊！我怎么忍受得住一个脸上出胡子的丈夫呢？

利：你可以找到一个没有胡子的丈夫呀。

琵：我把他怎样办呢？叫他穿起我的衣裳来，做我的侍女吗？有胡子的人便不是个少年，没有胡子的人算不得成人，不是少年的人我不要，没有成人的孩子我不能嫁他。因此我愿意付六便士的保证金给耍熊的，让我把他的猴儿牵到地狱里去。（古谓女子不肯出嫁者死后罚在阴司牵猴子。）

利：那么你要到地狱里去吗？

琵：不，只到了地狱门口，魔鬼就像一个老王八似的，头上出着角，出来见我，说，“您到天上去吧，琵菊丽丝，您到天上去吧；这儿不是给你们姑娘们住的地方。”因此我把猴子交付给他，到天上去见圣彼得了。

陶：听我吩咐你们的职务：瞧见流氓便要捉；你们可以用亲王的名义

喝住无论那一个人。

巡丁乙：要是他不肯站住呢？

陶：那么干脆不要理他，让他去吧；马上叫齐了其他的巡丁，一同感谢上帝，这坏蛋不再来麻烦你们。

佛：要是喝住他的时候，他不肯站住，那么他便不是亲王的子民。

陶：对了，不是亲王的子民，就不用管。而且你们不要在街上大声嚷；因为巡夜的要是高谈阔论起来，那是最叫人受不了的事。

巡丁甲：我们宁可睡觉，不要讲话，我们知道巡丁的本分。

陶：好啊，你说得真像一个老练而静默的巡丁，我想睡觉总不会得罪人的。你只要留心你们的戟儿不给人偷去就得了。要是你碰见一个贼子，凭着你的职务，你可以疑心他不是个正直良民；这种东西你越是少去理睬他们，就越显得你是个本分的人。

甲：要是我们知道他是个贼，我们要不要抓住他呢？

陶：是的，凭着你们的职务，本来是可以的；但是我想伸手到染缸里去，难免沾污了手，因此最妥当的办法，当你碰见一个贼的时候，就让他显出他的看家本事来，从你们手里偷偷地溜了去吧。

佛：要是你们听见小儿在夜里啼哭，就应当去喊奶娘给他止哭。

甲：要是奶娘已经睡熟了听不见我们喊呢？

陶：噢，那么悄悄儿走开吧，让那孩子把她哭醒了就得了，因为要是一头母羊听不见她羔羊的“咩”，自然也决不会答应一头牛儿的“咩”啦。

安：好，侄女，我相信你会听从你父亲作主的。

琵：是的，我的姐姐的本分，便是行个屈膝礼，说，“爸爸，随你的意思吧”。但是虽然如此，姐姐，他一定要是个漂亮的家伙才行，否则你还是再行个屈膝礼，说，“爸爸，随我的意思吧”。

利：好吧，侄女，我希望有一天见你嫁定了丈夫。

琵：除非等到男人们不再是被上帝用泥土捏成的时候。你想一个女人给一团尘埃作了主儿去，这不怄人吗？把她的一生和一块顽泥消磨在一起！不，伯父，我不要。亚当的儿子们都是我的弟兄；真的，我以为血族结婚是一件罪恶。

利：女儿，记住我告诉你的话，要是亲王对你如此如此，你便这般这般。

琵：姐姐，要是他不周旋中节地向你求爱，那多分是音乐的错处。要是那亲王太性急了，你就告诉他万事都有个节拍，你便不睬他跳舞下去。因为，希罗，你听我说，求婚、结婚和悔恨，就像是跳苏格兰捷格舞，慢步舞，和五步舞一样：开始的求婚就像捷格舞那样的热烈而急促，充满了狂想；结婚就像慢步舞那样端庄镇静，一片的繁文缛节和陈腐的仪式；于是悔恨就跟着来了，那蹒跚无力的腿一步步沉滞下去，变成了五步舞，直至倒卧在坟墓里。

希：我从来不曾见过一个人逃得过她的挑剔，无论他是怎样聪明高贵年轻漂亮。如果生得俊，她便会说那位先生应当做她的妹妹；要是生得黑，她便会说上帝正在画一张小花脸的时候，偶然用墨笔涂污了；要是个儿高，便说是管歪头的长枪；要是个儿矮，便说是块刻坏了的玛瑙坠子；欢喜讲话的，便说是随风转的风信标；欢喜沉默的，那么便是块没有知觉的木石。

披：有谁见过他上理发店吗？

克：不，可是有人瞧见理发师跟他在过一起呢，他脸庞上的原来那些毛毛儿早已拿去塞了网球了。

利：的确，他去了胡须以后瞧上去比以前年轻了。

披：哼，他还用麝香擦身体呢，你们嗅不出来吗？

克：那就是说，这个可爱的孩子在恋爱了。

披：最重要的证据是他的忧郁。

克：他以前几时洗脸洗得这样勤呢？

披：是啊，而且我听人家说他还涂脂抹粉呢。

克：只要瞧他的开玩笑的脾气好了，现在他已经不再到处拉他的胡琴了。

披：对了，这是一个有力的证据。总之他是在恋爱了。

裴：可是你们这种话不能医好我的牙齿痛呀。

裴：可是除了你之外，的的确确谁个姑娘都欢喜我的，我也很希望我不要那样心硬，因为我一个都不爱哩。

琵：那真是女人们的好运气，否则她们要给一个恶毒的情郎纠缠个不清了。多谢上帝和我的冷酷的心。我的脾气倒和你一样，让一个男人向我发誓说爱我，还不如听我的狗朝着乌鸦叫。

裴：上帝保佑你小姐永远这样想法吧，因为那位先生可以免去了一张命中注定给抓碎的脸孔了。

琵：倘使像尊驾那样的脸孔，就是给抓碎了也不会变得再难看些的。

裴：你是一头少有的多嘴鹦哥。

琵：像我那样多嘴的鸟儿，比之你这种出言无礼的畜生，还好得多哩。

克：在我的眼中，她是我生平所见的最可爱的女郎。

裴：我现在眼睛还不曾花到要戴眼镜，可是我瞧不见你所说的那种情形。她的族妹琵菊丽丝虽然火性那样大，可是比起她来要美得多，就像阳春远过于残冬。但是我希望你没有想做新郎的意思吧？

克：我虽然宣誓过独身，可是如果希罗愿意嫁我，我一定作不来自己的主。

裴：已经到了那地步吗？真的，世上就没有一个人可以不靠着吃他妻子的醋而生活的吗？难道我永远见不到一个六十岁的童男了吗？算了吧，算了吧，真的你愿意把你的头套在枷里，让它扣住你的头颈，把每一个星期日在叹息中消度过去？瞧，唐披特洛找你来了。

披：你们不跟着利奥那托去，在这里有什么秘密？

裴：我希望殿下强迫我说出来。

披：我用臣子尽忠的名分命令你说出来。

裴：你听，克劳底奥伯爵，我本来可以像哑巴一样守秘密的，我希望你能相信我这样，可是我要向殿下尽忠呢，听着，我要向殿下尽忠呢。——他在恋爱了。跟谁？那要请殿下亲自动问了。听吧，他的回答是多么短，跟希罗，利奥那托的短短的女儿。

克：倘使这是真的，那么就算真的。

裴：正像老古话所说："并不是如此，也并不不是如此，但是，真的，上帝保佑不是如此。"

裴：哼，他把我侮辱得连木石都忍受不住呢！枯树听了她那种话都忍不住要还口，连我戴在脸上的假脸具都要活了起来跟她相骂。她不知道我就是我自己，对我说我是亲王的弄人，说我比○○还蠢，用那样不可思议的敏捷，把一句句讥讽的话掷到我身上，我简直像是一个被人当作箭垛的人，整队的大军向我发射。她讲的话就像一柄柄快刀，每一个字

是讥讽着婚姻；但是人们的口味不也要换换新鲜的吗？年轻时喜欢吃肉的，也许老来一见肉便要恶心。难道一些讽刺讥嘲，不伤皮肤的舌剑唇枪，便会把一个人吓怕而不敢照他的心思行事了吗？不，人类总要繁殖下去的。当我说我要作独身汉而死的这句话时，我没有想到我会活得到结婚的年龄。琵菊丽丝来了。天在头上！她是个美人儿。我有点儿看出她的几分爱情来了。

琵：人家差我来叫你进去吃饭，我心里可是老大不愿意。

裴：美丽的琵菊丽丝，谢谢你，多多有劳了。

琵：多多有劳你谢我，我可是理都不要理你的感谢。要是我怕烦劳，我一定不会来的。

裴：那么你是很乐意来的吗？

琵：是的，因为我要看你竖起刀尖来戳一块老鸦肉吃。你的胃口怪好呢，大人。再见了。

裴：哈哈！“人家差我来叫你进去吃饭，我心里可是老大不愿意”，这句话里头有点双关的意思呢。“多多有劳你谢我，我可是理都不要理你的感谢”，那简直是说，“我无论怎样为你效劳，都是不算怎么一会事的”。要是我不可怜她，那么我是个混蛋；要是我不爱她，那么我是个犹太鬼子。我要向她讨小照去。

歌一首

不要叹息，不要叹息，姑娘，

男人全都是骗子，
一脚在岸上一脚在海洋，
从不会至诚到底。
不要叹息，让他们去，姑娘，
你何妨寻芳作乐？
收拾起哀音，再不用情伤，
唱一阕甜歌欢曲。
莫唱哀歌，莫唱哀歌，姑娘，
停止你忧郁悲吟，
哪一个夏天不茂叶苍苍？
哪一个男子忠心？
不要叹息，让他们去，姑娘，
你何妨寻芳作乐？
收拾起哀音，再不用情伤，
唱一阕甜歌欢曲。

只好委屈你｜做天使

老姊：

来信只有“□若说□没有写别字的先生，那来写别字的学生”一句话算是可爱的诡辩，此外似乎很有些缺少sportsmanship[①]的样子。

□

你自己对于自己的批评我是向来不要听的，你说你笨，你坏，你不好，你无情，你凶，都是太恭维了你自己，因为我最佩服这类人，而你则尚不够资格。至于说我给你装饰，那么不知道几时我曾给你涂过脂粉画过眉毛？

你知不知道一句古老的话，太阳底下没有新的事物？我不用再告诉你宇宙是一个大的鸟笼了，你是年青得可怕！

我不许你不许我这样不许我那样。□

Lucifer

中华民国5×5年5月5×5日5时5×5分

P.S.我的自名为“Lucifer”不过是僭窃名号，聊以自娱而已，但比起你来，确乎我更有做魔鬼的资格，而只好委屈你做天使了。

---

① sportsmanship：运动员精神。

把一天当一年过，等候着你

清如：

我心里很悒郁很悒郁。你的信来了，拿在手里，心微微的痛。读了之后，更懊恼得说不出话来。我已写过两封信，寄在栏杆桥。现在写信，又忘记了你常熟的地址号数，得还家翻了出来才能付寄。心真急，话，今天说了要隔天才能听到，已不痛快。回音，又有得等的。冬天的日子也是这样长。这里，有的是把冷淡当作友谊的“好朋友”。**我，没有话说，只念你，像生着病。我心里很悒郁很悒郁。不要失约，好人，我把一天当一年过，等候着你。我不能让你在我身边闪过，我要望着你，拉住你，相信不是在梦里。**天！我愿意烧，愿意热烈，愿意做一把火，一下子把生命烧尽。我不能在地窖里喊忍耐，一切是灰色得难受，灰色得难受。死，也得像天雷砸顶那么似的死，火山轰炸那么似的死，终不能让寂寞寸脔我的灵魂，心一点一点地冻成冰。我怕冷。愿你好。如果我不是这样不自由，我将飞到随便什么地方来看你。说不尽的心里的一切。

朱，十九下午

小问题

你要不要｜打我手心？

澄儿：

我应该听你话静静一些儿的，可是这颗心没办法好想，又写信了，你要不要打我手心？

今天我烦躁了整个儿的一天，晚上淋着雨到陈尧圣家吃夜饭，也没有什么感想，不过发现赵梓芳夫妇俩也同住着，有些意外，而且离我这里那么近。回了转来，怎么也不能睡，虽没有话对你说，仍然执起笔来了。

上午曾写了几封信给我那些宝贝朋友们，但一封也不寄出，有什么意思呢？……我不高兴写了。**你为什么爱朱朱呢？（呵欠）**

我想做诗，写雨，写夜的相思，写你，写不出。

阿姊是否|被大狼衔去了乎？

弟怨不欲生，阿姊是否被大狼衔去了乎？

纸上洒了几滴水，当作眼泪。

廿九五点钟

不要绝交｜好不好？

老弟：

我的意像，
腐烂的花，腐烂的影子，
一个像哭的微笑，
说不清的一些乱七八糟的梦，
加上一张你的负气的面孔，
构成一幅无比拙劣的图画。

说绝交在理论上完全赞成，事实上能不能实行是一个问题，因为如果单是面子上装做绝交，大家不通信、不见面，这是很容易的，但能不能从心理上绝交呢？至少我没有要下这一个决心的意思。你的没用你的可怜的怯弱，除了你自己以外，就我知道得最清楚，大英雄无可无不可，决不会像你那样倔强好胜的。我是怎样一种人你也大部分都知道，有些地方和你很相近，也有些地方和你不同，要是你以为我是个了不得的人，当然你不敢称我做孩子的。如果我们不想以幻象自欺自慰，那么要获得一个比真相更美的印象是不必的。**我不知道你会不会有一天要讨厌我起来，但我可以断定的是我决不会讨厌你，你完全中我的意，这不是说我只看见你好的一**

方面而忽视了不好的一方面，实在我知道你不好的地方太多了，有些地方简直跟我的趣味相反，但如果你的好处只能使我低头膜拜的话，你的不好处却使我发生亲切的同情，如果你是一个完美的人，我将永不敢称你做朋友。三分之二的不好加上三分之一的好，这样而成的一个印象对于我觉得是无比的美妙，因为她不缺乏使我赞美之点，同时是非常可以同情的，如果把这印象再修得好一些，反而会破坏她的可爱，因为她将使我觉得高不可及了。

我所说的你的不好处不过是以客观的标准而评定，在我主观的眼中，那么它们是完全可爱完全好的。

因此我说，不要绝交好不好？

十日午后

你怕不怕｜肉麻？

你怕不怕肉麻？如果不怕肉麻，我便把一切肉麻的称呼用来称呼你。

我相信我将不能认识你，因为现在我确已完全忘记你的面貌，下回得再把你看得仔细些，记得牢些。你愿意我在什么时候来看你？今天下午？大后天？下一个月？明年？还是一百年之后？**我真疼你疼你，希望没有大狼会来驮了你去。**

你说我们将来会如何结局？还是我不要了你，你不要了我，大家自然而然地彼此冷淡下去，还是永久跟现在一样要好，或是有什么其他的变化？我相信将来也许你会被我杀死也说不定。照你想来，如果我们在一块儿生活，会不会是一件很可怕的事？

我觉得我很“滑稽”（这滑稽两字不是说富于幽默，善诙谐之意，而是指一种莫明其妙但也并非莫明其妙的状态），我把自己十分看轻，这是一件很可怜的事。自命不凡固然讨厌，但自己看轻自己则更没出息。如之何？

总之你是非常好非常好的，我活了二十多岁，对于人生的探讨的结果，就只有这一句结论，其他的一切都否定了。

当然我爱你。

综合牛津字典，十三

注意：如果你不喜欢这封信，当然你可以假定这不是写给你的，而且我也可以否认这是我写的。

我姓洪，名水，字淡如好不好？

姊姊：

我叫你姊姊你难不难为情？

为着想你得很，我没有心思工作，先写了这封信再说。《鲁滨孙漂流记》真比莎士比亚还难翻，又没趣味又单调，又要一个个字对照着译。

这几天来我也心思很不安定，人倦得睡不醒来，也许是你传染给我的毛病。

昨夜我梦见天上有许多月亮，大的小的圆的缺的，很好看，我叫你看，你却不要看，并且硬要争辩蛾眉月的“蛾”是一种蝎子，我气得想要擂你一顿。

想来想去还是亚当夏娃最快乐，虽然逐出了伊甸园，整个世界都是属于他们的，等到第二代，该隐就要杀亚伯了，因此合理的世界，只能有两个人，不多也不少。

我希望你不要苦，要是你受了委屈，就向我出出气好了。

昨天在外面荡了一天，一点不快活，我真想吃点真好吃的东西。星期日你是怎样过过的？

要是有那么一个好地方，我们在一起静坐半天多好。每天每天看不见你，真使我心痛。

我待你好。

淡如，十四

（我姓洪，名水，字淡如好不好？）

好不好 | 快回答我

宋：

下星期日（八月二十五日）我到常熟来，好不好快回答我。

今天玩得很经济而实惠。上午往北四川路跑旧书店，第一家找到了一本Dickens：*Oliver Twist*①（有插图），一本Jane Austin：*Pride and Prejudice*②，要价二元三角，我还一块钱，他摇摇头把书插到架子上去了，我对这两本书并无怎样热情，因此也扬长而去。他们在收买的时候，这一类非教科用的书简直看得连废纸不如。讨价一块两块的书，买进来不过一角两角。其实在提篮桥俄国人那里，一角钱也照样能买到很好的书。上星期五我去买得的一本Hawthone：*House of the Seven Gables*③，印刷纸张都很好，插图也精美，如果在那个书商手里，至少也要六角钱才能让你拿到手。第二家无所得。第三家找到一本*Oxford Pocket Classic*④本的英国小品文选，他要三角大洋，索价不算太高，我还价两角小洋，又

① Dickens：*Oliver Twist*：狄更斯的《雾都孤儿》。

② Jane Austin：*Pride and Prejudice*：简·奥斯汀的《傲慢与偏见》。

③ Hawthone：*House of the Seven Gables*：霍桑的《带有七个尖角阁的房子》。

④ *Oxford Pocket Classic*：《牛津袖珍经典》。

加至三角小洋，因为他说一定没有还价，我也弃之而去。第四家找到一本Daudet：*Sapho*[①]和一本拿破仑传，前者讨价四角大洋，我还四角小洋，就买成功了，后者未买。出来在一家饮冰室坐下，两角小洋的冰淇淋，分量多得令人吓了一跳。下午两角钱看了一本歌舞影片，我对于老是那一套的歌舞片子并无多大兴趣，但如有Ruby Keeler[②]在里面的总不自禁地要去看一下。她并不是一个了不得的演员，但确是一个darling[③]，在我的味觉上觉得银幕上没有比她更甜的人，尤其是她说话的音调，孩子气得可爱而异常悦耳。

一个人的趣味要变化起来真没办法，现在我简直不要看诗。大概一个人少年时是诗人，中年时是小说家，老年时是散文家，这并不指一定有所写作的而言。

我算是死了心，你肯不肯给信我都随你便，寂寞的人是不应该找人说话的。祝好。

猪八戒，十八

① Daudet：*Sapho*：都德的《萨福》。

② Ruby Keeler：鲁比·基勒，20世纪美国电影演员。

③ darling：宠儿。

日子过得太慢，你有没有老些了？

昨夜我真的梦见了你，我们都还在之江山上。你对我的态度冷得很，见了我常常不理我。后来在茅亭那边我看见你，你坐在小儿车里，说要回家去。我自告奋勇推着小儿车下山，可是推来推去推了半天还不曾下得山，却推到我自己的房间里来了。你很恼，我很抱歉。我于是把满房间的花盆都搬开，撬起一块楼板来，说从这里下去一定可以下山。**可是你嘟着小嘴唇走了，我的心也扑的一声碎了。**

星期日，如果我此地在八点半出发，十一时许可以到常熟，你还不忙就上学校去吧？

伤风有没有好？**日子过得太慢，你有没有老些了？我真想疼疼你。**

罗马教皇，廿一

我不要作你的哥哥，我愿意作你的弟弟

二哥：

星期日，今天我比平日早起半点钟，开开窗，先让外面的冷风洗我那留着泪痕的脸，默默地回味着甜蜜而感伤的梦境，感觉到真正的幸福。

因为昨夜我曾梦着你，梦得那么清楚而分明，虽然仍不免很有些傻气。我是到杭州来了，他们（我不知道他们是谁，但总之是他们）为着欢迎我，特为我开映卓别林的影片，你同着张荃也来了。我很想坐在你的身旁，但是座位都已占据满了，于是他们把我葬在坟墓里，连着坟墓把我扛到你的跟前。我可以隔着坟墓和你说话，但是看不见你，眼前只是一片黑，鼻子里充满了土气息泥滋味，以及自己尸体腐烂的臭味。“我要闷死了！”我痛苦地嚷着，但终于被我挣扎着从坟墓中伸出头来，虽然身体仍然被重压着动弹不得。这是一个颇有象征意味的开头。

后来我们并肩漫步着，我知道这个下午我要离你而去了，心头充满惜别的情调，但我知道这是个宝贵而幸福的瞬间，和你走在一起，更没有别人在旁边，我们好像说了许多话，又好像一句话也不说。我侧过头来凝望你的脸孔，这是第一回我在梦里看得你那样仔细，你并不发胖，但显然不像从前那样荏弱相，肌肤也似乎结实得多了。**你的脸是那么明净那么慈爱，像秋之晴空那样地，像春之白云那样地，一个可以羽翼我的母亲，看**

得我哭了，我眼中并没有泪，但觉得我的全身，全灵魂，都充溢着眼泪，我希望世界赶快在这一个瞬间毁灭，或是像太阳照着雪人一样让我全身的机构一下子碎为粉末，播散在太空中，每一粒粉末中都含有对你的眷恋。我真不知道盈溢在我胸中的，是幸福、欢乐、苦痛、惆怅或是什么。这些真是我梦中的感觉，并不是此刻为要把信写得动人而随便胡诌起来的。这是三部曲中的第二部，是一首浪漫主义的抒情诗。

后来你到厨房里弄饭菜去了，我因为一刻也不愿离开你，也跟着你去，你瞧我一弄都弄不来，但我尽力帮你的忙，我们一同炒肉丝饭，锅下的火很旺，火焰冲了起来，把我右手中指上烫起了泡，我说，“你看，我手指都烫坏了。”但我很骄傲很满足，你微笑着安慰我。跑出去吃饭，我弟弟们面前都是一碗满满的肉丝炒饭，我却只有一碗白饭，我待要叽咕，你悄悄地对我说，“不要吵，你就吃白饭好了”，我也就很快活地吃白饭了。这一段梦略有写实主义的情调。醒来之后，像是一个蒙了祝福的灵魂，恐怕起身之后会把这梦忘记，因此不住地记忆着每一个琐细的枝节，就像怕考问而温书一样。渐渐记忆有些模糊起来，人也倦了起来，闭上眼睛，好像身子在云端里，要飘起来了的样子，但终于不曾飘了起来。

我不要作你的哥哥，我愿意作你的弟弟。

十二晨

几时我们一块儿 | 青草地上放羊去

宋：

总之你不好

我爱你

我不快活，灰心，厌世，想钻到坟墓里抱死人睡觉。

想吃点什么，心里饿得慌。

几时我们一块儿青草地上放羊去。

你不待我好，我知道的。

明天又是星期了。上星期日整天看影戏，索性连中饭夜饭完全不吃，其实自己知道那天没有一张片子值得看的，因此目的并不在看戏，除了杀时间之外，完全是为的虐待自己，我完全不要看《泰山情侣》，但偏偏去看了，如果那真也能像《爱斯基摩》一样给我意外的惊喜，那我一定要大大地失望了，幸而好，真是一张荒谬不通讲不到电影艺术的东西，耐心着看完了出来，很满意，因为我抵庄[①]着看坏片子，不虚此行了。一般人大

① 抵庄：意为“就当是”。

概都与我有同病，因此这片打破了卖座纪录，从来不看电影的人也要看它一看，因为他们不曾看过电影，因此这一张在他们所看过的电影中间自然是顶好的一张了。

朱朱

如果徐志摩|是女子

宋：

以后我接到你信后第一件事便是改正你的错字，要是你做起先生来老是写别字可很有些那个。

可是我想了半天，才想出“颟顸”两个字，你是写作“瞒盰”的。

你有些话我永远不同意，有时是因为太看重了你自己的ego[①]的缘故，例如你自以为凶（我觉得许多人说你凶不过是逗逗你，他们不会真的慑伏于你的威势之下的），其实我永远不相信会有人怕你（除了我，因为我是世上最胆怯的人）。

随你平凡不平凡，庸劣不庸劣，颟顸不颟顸，我都不管，至少你并不讨厌，至少在我的眼中。你知道你并不真的希望我不要把“她”放在心上。

关于你说你对我有着相当的好感，我不想grudge[②]，因为如果“绝对”等于一百，那么一至九十九都可说是“相当”。也许我尽可以想象你对于我有九十九点九九的好感。我觉得我们的友谊并不淡淡，但也不浓得化不开，正是恰到好处，合于你的“中庸之道”。你的自以为无情是由于

① ego：自我。

② grudge：嫉妒。

把“情”的界说下得过高的缘故，所以恰恰等于我的所谓“多情”。要是我失望，当然我不会满足，然而我满足，因此我不失望。**至于说要我用火红的钳子炙你的心，使你燃烧起来，那是一个刽子手的事（如果有这样残酷的刽子手，我一定要和他拼命），我怎么能下这毒手呢？**再说然烧的“然”虽是古文，在白话文里还是用“燃”的好。

“妒”是一种原始的感情，在近代文明世界中有渐渐没落的倾向。它是存在于天性中的，但修养、人生经验、内省与丰富的幽默感可以逐渐把它根除。吃醋的人大多是最不幽默，不懂幽默的人，包括男子与女子。自来所谓女子较男子善妒是因为历史和社会背景所造成，因为所接触的世界较狭小，心理也自然会变得较狭小。因此这完全不是男的或女的的问题。值得称为“摩登”的姑娘们，当然要比前一世纪的闺阁小姐们懂事得多，但真懂事的人，无论男女至今都还是绝对的少数，因而吃醋的现象仍然是多的。至于诗人大抵是一种野蛮人，因此妒心也格外强烈一些，如果徐志摩是女子，他也会说nothing or all[1]，你把他这句话当作男子方面的例证，是不十分可使人心服的，根本在徐志摩以前就有好多女子说过这句话了。我希望你论事不要把男女的壁垒立得太森严，因为人类用男女方法分类根本不是很妥当的。

关于“爱和妒是分不开的”一句话，我的意见是——所谓爱就程度上可以归为三种：

1.Primeval love，or animal love，or love of passion，or poetic love；

2.Sophisticated love，or “modern” love；

---

① nothing or all：要么没有，要么全部。

3.Intellectual love，or philosophical love.[①]

此外还有一种并不存在的爱，即Spiritual love，or “Platonic” love，or love of the religious kind[②]，那实在是第一种爱的假面具，可以用心理分析方法攻破的。

妒和第一种爱是成正比例的，爱愈甚则妒愈深，但这种爱与妒能稍加节制，不使流于病态，便成为人间正常的男与女之间的恋爱，完全无可非议。

第一种爱和第三种爱是对立的，但第二种爱则是一种矛盾的错综的现象，在基础上极不稳固，它往往非常富于矫揉造作的意味，表面上装出“懂事”的样子而内心的弱点未能克服，同时缺乏第一种爱的真诚与强烈。此类爱和妒的关系是：表面上无妒，内心则不能断定。

第三种的爱是高级的爱，它和一般所谓“精神恋爱”不同，因为精神恋爱并不超越sex的限界以上，和一个人于现实生活中不能获得满足而借梦想以自慰一样，精神恋爱并不较肉体恋爱更纯洁。但这种“哲学的爱”是情绪经过理智洗练后的结果，它无宁是冷静而非热烈的，它是non-sexual[③]的，妒在它里面根本不能获得地位。

胡言乱语而已。

我待你好。

也也

---

① 1.原始之爱，或是兽性之爱，或是激情之爱，或是诗意的爱。2.复杂之爱，或是“现代的”爱。3.理智之爱，或是哲理性的爱。

② 精神之爱，或是“柏拉图式”的爱，或是如同对宗教的爱。

③ non-sexual：非性欲的。

如果我想吃你，你肯不肯给我吃呢？

清如：

你说话很可怪，好像以为我是无所不怪似的，你不来看我我也要怪你，你来看我我也要怪你。如果我真是这样，那么你这人岂不难做得很。

毕业论文这时就要担心起来，很像个好学生。这题目容易不过，二十天便可以完成：

第一天：看较详尽的文学史，获得轮廓（如已知道，则这一天可以白相）。三十分钟。

第二天：搜集主要的参考书（不须过多，遇疑惑有问题时才再去找别的书），包括：

1.关于此题之重要论著

2.各家传记

3.文集　　一点半钟

第三、四、五天：略览各书　　每天四小时

第六天：拟制详细大纲，大概分四部分：　　一点钟

1.叙述（历史的背景，二派产生以前及当时的文坛状况，二派之主要标榜等）。　　三千字

2.分论（各论二派之渊源流变，代表作家作品及其影响等）。

六千字

3.合论（比较二派之得失短长异同之处）。 四千字

4.批评（用现代的眼光评论二派之主张及其在文学史上之意义等）。

二千字

第七天：休息，远足至龙井品茗。

第八至十四天：按大纲写论文（每日工作三小时，约写二千五百字）。

第十五天：复阅补漏。 五小时

第十六至十八天：托人誊清，自己休息，以每日写五千字计，三日完工。二份可请二人写。甲抄上半篇时乙抄下半篇。

第十九天：作最后之审阅，交卷。

第二十天：西爽斋请客表示庆祝。

这样还是认真的办法，叫我弄起来，那么省去了打草稿的时间，一路看书，一路定大纲，一路写下去，一星期也够了。

如果我想吃你，你肯不肯给我吃呢?

愿蚊子不要咬你，咬我。

一日

一接到你的信，我便精神百倍，什么都有了兴致。我不知道为什么你会是这样好的。

亲妹子，好妹子，好大格亲妹子要？

姊姊：

今天早上弄堂里叫卖青梅，喊着：“妹子要妹子？亲妹子，好妹子，好大格亲妹子要？”

真的我这么许久不见你了，不知道几时才能托上帝的福再见你一次，今天是风雨凄凄，思想起来好不伤心人也。

舍弟很客气地来信请我端午节到家里去做客人，但要我衣裳穿得楚楚一点，因为他的太太不大看得惯寒酸（或者好听一点说落拓不拘细节）的样子。实在，我对于故乡的姑娘儿们是只有叹气的，尤其是暴发户气息的小商人阶级的女儿。**嘉兴是太充满商人味儿的城市，你走遍四城门也找不到一个高贵清华的少女，当然更绝对产生不出宋清如那样隽秀的才人。**

我要多么待你好，每两分钟你在我心里一次，祝福你。

弟弟，星期日

你肯不肯 | 嫁我？

好人：

你初八的信于今天读到。

如果要读书，倘使目的是为趣味，那么可以读读子书、笔记和唐宋以后的诗词、英文的小说戏曲；倘使要使自己不落伍，则读些社会科学的书，但不必成为社会主义者。

回家很没趣味。兄弟一个失业，拉长了面孔，一个又吐出过一点血。长者们逼我快娶亲，你肯不肯嫁我？或者如果有这样的人，你可以介绍给我：

1.年龄二十五至三十。

2.家境相当的穷。

3.人很笨。

4.小学或初中毕业，或相当程度（不必假造文凭也）。

5.相貌不甚好，但勉强还不算讨厌。

6.身体过得过去，但不要力大如牛，否则我要吃瘪。

7.不曾生过儿子，生过儿子而已死或已丢掉则不妨。

8.能够安安静静坐在家里不说话。

9.最好并无父母，身世很孤苦。

10.不喜欢打扮及照镜子。

11.不痴心希望丈夫爱她（但可以希望他能好好待遇她）。

这种是不是无聊话?

我永远爱你。

朱，二月十五

信仍寄世界书局较妥。

小祝愿

我愿你好，热情地热情地

好友：

快放假了是不是？我从今天起开始盼望见你，带着很高兴的调子。我太没有野心，也许就是这一点不好，觉得仿佛只要看见你五分钟，就可得到若干程度的满足的样子。对于见面我看得较重，对于分别我看得较轻，这是人生取巧之一法，否则聚少离多，悲哀多于欢乐，一生只好负着无尽痛苦的债了。

我愿你好，热情地热情地。

不说诳的约翰，九日下午

你嫁了人了都好，只不要是生病

清如：

我希望你不是生病了，心里很有些惴惴。但愿你没有信来是为着别的各种理由，忙、懒、不高兴、生我气，或是嫁了人了都好，只不要是生病。我卜了一下，明天后天都仍然无信，顶早星期四，顶迟要下星期五才会有信，这不要把我急死吗？

How like a winter hath my absence been
From thee，the pleasure of the fleeting year!
What freezings have I felt，what dark days seen!
What old December's bareness everywhere!
And yet this time removed was summer's time；
The teeming autumn，big with rich increase，
Bearing the wanton burden of the prime，
Like widowed wombs after their lord's decease.
Yet this abundant issue seemed to me
But hope of orphans and unfathered fruit；
For summer and his pleasures wait on thee，

And thou away, the very birds are mute;

Or, if they sing, 'tis with so dull a cheer

That leaves look pale, dreading the winter's near.[①]

我想不出说什么话，因为我不愿说“恨不得立刻飞来看你”一类的空话，也不高兴求上帝保佑你，因为第一我不相信上帝，第二如果真有上帝，而他不保佑你，我一定要揍他一顿。

祝福你，“善良的人”。

心烦意乱，廿八

① 莎士比亚第97首十四行诗，意为：缺席了你的身边，我如同生活在冬天，/你啊，那转瞬即逝的年月里唯一的快乐！/我只觉得阴冷，只觉身处黑暗之中！/到处是衰颓的十二月的气息！/然而分离却发生在莽莽夏日之间；/那收获的高秋，因了厚重的果实而异常充实，/像无主的寡妇，大腹便便，/然而我看到这许多，/携着希冀而来的新生的孩儿，和漫生的果子；/夏的一切欢娱都是关于你，/你走了，鸟儿都沉默了；/或者它们也会歌唱，但那是沉闷的哀鸣，/使树叶苍白了脸，畏惧那寒冬的到来。

希望这封信能先你到家，等候着你

好澄：

希望这封信能先你到家，等候着你。

路上平安？回家欢喜？母亲婉弟都好？以一颗热爱你的心，愿你得到最大的幸福，在母亲的怀里。

我的心是早该冷了的，为你的缘故，还不敢忘却春天的美丽。我不愿有更舒服的生活环境，因既已有你友情的抚慰，那是远宝贵过于一切的。

期待着你将给我更大的（但永不要给我最大的，因最大之上，将无可希望了）欢喜，当我看见你的时候。

祝福。

朱，十七

祝你 | 发福

爱人：

用了两天工夫给或友[①]写了一封英文的情书，计长五六大页。告诉你，这是一件登天的工作。**要是有人问起我来：“你善于踢足球呢，还是善于写情书？”我一定说，“比较说起来，我还是善于踢足球。”**

世上最无聊的事便是写情书，如果有写之之必要的话，最好像圣诞卡片一样，由出版家请人设计一些现成的情书，或者由诗人们写上一些丁香、玫瑰、夜莺的诗句，附上些花啊、月啊，邱匹德之类的图案，印好之后发卖，寄信者只要填上姓名就好了。因为就是信的开端的称呼，如亲爱的、挚爱的、热爱的、疼爱的、宠爱的、眷爱的……小麻雀、小松鼠、小天使、小猪猡……以及末尾的自称，你的忠实的、你的唯一的、你的永远的……等等，都已印好，这样就非常方便，横竖如果对方是聪明的话，早知道这些不过是顽意儿罢了。

可怜的就是那些天真的男女们，总以为人家写给他的信所说的是真话，或者自以为自己所写的是真话。一个人没有理由相信他自己，正如他

---

① 或友：意为“某位朋友”。

没有理由相信人家一样。

（以下七十五字检查抽去）

祝你发福。你不要我来看你是不是？我待你好。

愿化一面镜子，常常照你笑

宋：

庄××君很可同情，我对于吃笔[①]的人总是抱同情的。我相信他一定没有读过追求学，因此而遭惨败，实深遗憾。凡追求，第一要知己知彼，忖量有没有把握；第二要认清对方的弱点“进攻”；第三要轻描淡写，不露痕迹；第四须有政治家风度，可进则进，不可进则须看风收帆，别寻出路，不给被追求者以惹厌的印象。硬弄总是要弄僵的，寻死觅活的手段，只能施于情窦初开，从来不曾见过男人的深闺少女，柔弱的心也许会被感动。College girl[②]大多是hard boiled[③]，这是认识不足和手段错误。如果李女士一定不肯接受他的好意，大概他以后会变成女性咒诅者。大多数的男人都是这样缺少sportsmanship的。对于女人的男性憎恶论，则我觉得较可原谅，因为女人之被男人吃笔大抵有历史的社会的根据，而男人之被女人吃笔，多分是自己的错处，主要的毛病出在“不识相”三字上。

你也许不是一切人的天使，但至少你是我的天使。

---

① 吃笔：意为“吃瘪”。

② College girl：女大学生。

③ hard boiled：老练的。

昨得“打油渣诗”一首，“仿宋体”：——

书隔一星期，□历七千万万世纪，思君意如火山爆发，每个细胞打结三十六次。临颖不如云，却怨天气好，愿化一面镜子，常常照你笑。

愿你伤风快好，我待你好。

和尚，十六

愿我亲爱的朋友|与世无争

清如：

假使你再跟我多接触一点，那么我仍然会变成你所鄙弃之群中的一个，这话你相不相信。我实在是个坏人，但作为你的朋友的我，却确实是在努力着学做好人，我很满足，因为这努力已获得极大的报酬，可以死无遗憾的了。

说起来有些那个，每回接到你信，虽是很快活，但也有些害怕，生怕你会说嗔怪我的话。我太不天真，心里有太多的尘埃，话如果不经滤过而说出来，有时会使自己回想起来很难为情，到那时候，也只好涎着脸说“说过的话不算”而已。人要是不能原谅，那么世间将无一个可以称为好朋友的人。如果不是相信你能忽视我的愚蠢可笑的地方，我一定永远不愿意看见你，因为见了你我将无地自容。

以前我最大的野心，便是想成为你的好朋友，现在我的野心便是希望这样的友谊能继续到死时（把这称为野心，我想是一点也不过分），同时我希望自己能变好一些，使你更欢喜我。

人总是那么一种动物，你无论到那里总脱离不了可厌的诸相，少理会理会他们就是。厌恶是不必，因为你厌恶了人，人也要厌恶你，但你如不理会人，那么人也不理会你，这就很清净了。骂女同学不值三角三的人，其实原来他不会如此无礼，都是因为他在人眼中自身也不值三角三之故，因此这算不得是侮辱，只能说是阿Q式的复仇。

和异性相处，最好的方法，便是不要过立崖岸，稍为跟他们随和一些，但不要太狎近。有许多女同学遭人嫉骂，都是因为过于矜持，不大方之故。在男女同学的环境中，太装出不屑为伍的神气，的确是足以令人难堪的（当然不屑为伍也许有不屑为伍的理由，但人总是昧于责己，只知道你神气，而不知道反察自身）。我在之江读了四年书，同班的女生，也有到最后一学期，路上相遇如不相识的，这种人我总不知道为什么要到有男人的学校里来念书。男人有时确是很下流，但这是因为他们从未学得尊重女性之故，在他们的经验中，只以为女子是另外一种人类，要把这种思想打翻，男女同学的学校实在是一个最适宜的改造观念的场所，但因为女子一方面的性格上的消极性质，在学问上少合作，课外活动方面不和男生竞争，学校当局则务为不彻底的防闲，对于正规的异性间友谊不加以奖励（他们都以为这些青年们是挺会交朋友的，其实有些只会瞎谈谈恋爱，有些非常面嫩，而有些则对于异性有着成见的憎恶），这些都足以阻碍双方理解的成立，而使男女同学一句话成为虚名，甚至只有坏处而无好处。我以为比如说在之江一类学校里毕业了出来，如果是男子，那么不曾交到一个女朋友还不算奇怪，因为女同学人数少，在较少人数中选择一个朋友，机会是要少些，但如是一个女学生，那么至少也得有二三个以上的男朋友（不是说谈恋爱的人），因为二三百男子中，说是没有人配作她的朋友，这样的女子未免自视太高一些。不过这样的话，在目前是谈不到，男女间差异过大，隔膜太深，在客观环境未更变以前，他们间的关系还只能以恋爱结婚为限，这是无可如何的。我们当然都是理想主义者，也许在旁人眼中是可笑的也说不定。

读了生物学之后，你会知道所谓两性这一问题是如何一种悲剧。人类间的异性爱能从盲目的本能变成感情的交响，再从单纯的感情经过理智的洗练，因是创造出一种完全不同的事物出来，不能不说是绝大的进步。现今人类还不能不忍受许多生物学上定则的束缚，但几千年后，借着科学的能力，也许关于人类的生存和生殖两个问题有着另一的方式，而男女性将变为仅仅是精神上的区别，以彼此的交互影响提高文化的标准，这未不便是梦想，但那时人类当已进化到另一种阶段！

又是胡说。此刻我要出去，暂时不写了。

愿我亲爱的朋友与世无争，自得其乐。**做人只有两种取乐之道，一种是忘我，忘了“我”，则一切世间加于“我”的烦恼苦痛皆忘！一种是忘人，忘了“人”，则一切世间的烦恼苦痛皆加不到我的身上。**

朱朱，三日

愿蚊子 | 不要叮你

好人：

挨过了一个无聊的聚餐，回到斗室里剥去衣裳（我不想对你讲究无聊的礼貌，一定要衣冠端正而写信），便在纸上写上了好人两个字，这光景正像受了委屈的孩子扑到娘怀里便哇的一声哭起来一样，除了这我也想不出什么安慰自己的办法了。

委屈是并没有什么委屈，不过觉得乏味得很，跟别人在一起的时候，我总是格外厌世的。今晚是本级在上海的同学欢送陈尧圣出国，虽然都是老同学，我却觉得说不出的生疏；坐在那里，尽可能地一言不发，如果别人问我什么，便用最简短的字句回答，能用点头摇头或笑笑代替则以之代替。我总想不出人为什么要讲那些毫无意义毫无必要的“你好”，“忙不”，“放假了没有”，“几时来拜访”，“不敢当，请过来玩玩”一类的话。

只有你好像和所有的人完全不同，也许你不会知道，我和你在一起时较之和别人在一起时要活泼得多。与举世绝缘的我，只有你能在我身上引起感应。

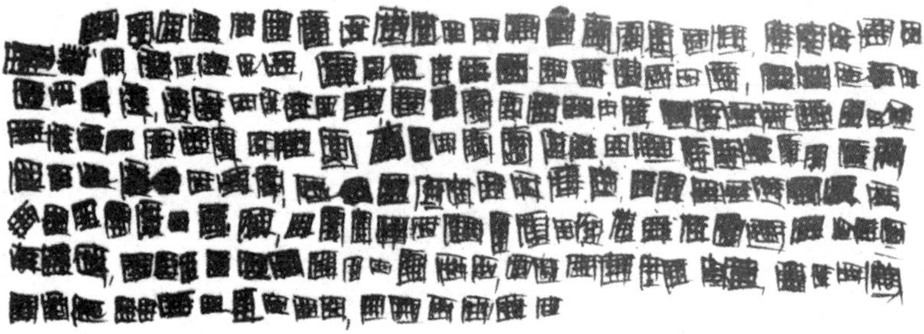

建筑月刊从最近期定起，计洋五元六角，定单上的5字写得不大容易辨认，故再写一笔，免得查问。

我爱你永远爱不完，愿蚊子不要叮你。

朱，廿七

我希望你 | 不要嫁人

好好：

今天毫无疑问地得到了你的信，就像是久旱逢甘雨一样。

吃喜酒真非得要妈妈同着不可，难为情得一塌糊涂，今后誓不再吃（你的喜酒当然我一定不要吃），世上没有比社交酬酢更可怕的事（除了结婚而外）。

我希望你不要嫁人，如果你一定要嫁人的话，我希望你不要嫁像我这种男人（如果我也可以算是男人的话），要是你一定要嫁像我这种男人呢，那我也不管，横竖不关我事。

我今天要到街上去，买信封信纸墨水（全是为着给你写信用的），再买几本小说看。你有没有看过杜思退益夫斯基[①]的《被侮辱与被损害的》？如果商务廉价部里有这本书，我可以买来给你。

我待你好，直到你不待我好了为止。也许你不待我好了，我仍待你好的，那要等那时再说。

我要吻吻你。

魔鬼的叔父，三日

---

① 杜思退益夫斯基：现译“陀思妥耶夫斯基”。

但愿一生丨有得好东西吃

清如：

在家里过了三夜，倒并不如想象的那样无聊，全然忘了一切，无所为地高兴起来，家里的婚事只是小热闹一下，一切像儿戏般玩着，那位弟妇我不知叫她什么好，终于叫她做嫂嫂，比你大得多，不是孩子样儿。大表姐的第六个孩子，最小的甥女，和我很要好，陪着她玩。她的四哥在兄弟姐妹间乡气最重，是个戆大[①]，人很忠厚，但不惹人欢喜，被妹妹欺负得哭起来，我过意不去，领他到乡野里走，他很快活，虽然似乎很笨，对于大自然却很敏感，看见骑在牛背上的牧童，很是羡慕，说脱下长衫去做看牛童子，一定很写意。徘徊旧游地，那些静寂如梦的old spot[②]，对于灵魂是一种苏醒。我曾指点给孩子们我从前读书的小学，我对我的各个母校都眷眷不忘。我的中学时期是最枯燥颓唐的一段。

昨夜回到自己房间里，才看见你一日所写的信，于六日到上海。我气量（应作器量）确不大，平日勉力自扩，然有时无可如何，心里过于气闷之时，一遇可乘之机，便要借此泄泄郁恨，别人也许会认真，但你好得

① 戆大：意为“呆子”。

② old spot：陈迹。

很，从不跟我闹气，因此我对你什么话都不怕说出来，否则真会很羞的。

到家里我可以不想你，但一回到上海，便满心里都是你，想你有时要想得哭，但不想更无聊。

我不想望什么，但愿一生有得好东西吃，他无所也不敢希冀，如祈福，我愿我有一个美满的来生，更愿来生仍能遇见今生的朋友以及永别的爱者们。

今天去看盼了好久的银幕上的《块肉余生》①，迭更斯②的作品，即使还不能达到艺术的最高峰，总是非常富有感情的文字，我读他的小说总不能不流泪，电影上也有好几块能使软心的人呜咽、硬心的人心软的地方，但一般而论，迭更斯的作品结构都失之散漫，因此改编为电影，很不易讨好，全剧精彩的地方，都只在各片段。但制片者的努力是很可佩的，那么一本大书，那样复杂而多方面的故事，竟能如此有条不紊简洁而无遗漏地演了出来。这片是All Star Cast③，内中人才很不少，但真做得好的，却似乎只扮演大卫童年的一角，那个孩子应该是不让贾克古柏的。

在广东店里悄悄地吃了一碗叉烧蛋炒饭，便乘雨回家。今天虽是星期一，又天雨，而戏院仍满满的。

弟朱某顿

---

① 《块肉余生》：现译《大卫·科波菲尔》。

② 迭更斯：现译“狄更斯”。

③ All Star Cast：全明星阵容。

祝福那些｜不懂得相思的人

宋：

你真可怜，闹了两年的到北平去，到现在还决定不下来。我贡献你四条路：

一、不转学，留在之江，免得投考等麻烦。

二、转学近处，南京、上海，或索性苏州，好常常见母亲。但苏州你已住久，上海我不劝你，南京也没甚大意思。

三、转学远处，北平、青岛、武汉、广州、……一样走远路，当然如你原来的理想，北平去最好。

四、停学一年，作一次远程旅行，几次小旅行，余下时间，在家读书休息，养得胖胖后再上学。

如果转学，不要抱但求换换空气的思想，无论如何要拣比较好一点的学校，如果进和之江差不多或不如的地方，那很不上算，还是留着不走的好。

好人以为如何？

热天真使人懒，坐在office里，眼睛只是闭上来。**想象着在一个绿荫深深的院内，四周窗子上幔着碧色的湘帘，在舒适的卧榻之上，听着细细的鸟声，睡了又醒醒了又睡的生活着。**但无论如何，初夏的黄昏是可爱的。在之江，此刻也是顶美丽的时刻了。但这样的时间也只能在忆念里过去，心里很有点怨。**祝福那些不懂得相思的人，至于我，则愿意永远想念着你。**我，永是那么寂寞的。

还有的话，留着以后说。祝快乐。

朱

祝你老人家｜万福全安

婆婆：

今天有没有进城去呢？我不出去，很寂寞，很无聊。想着要吃月饼，买了一个“蚝黄夜月”，一个“蛋黄莲蓉”，吃到把胃口吃倒为止，现在还剩着一些些儿。无论吃什么东西，总归不快活。我想婆婆，婆婆一定不想我。

现在我倦得想睡，不写了。你说过几时带我到月亮里去，几时去呢？你要是忘记了，我不依。你讲我一个故事听好吗？

祝你老人家万福全安。

珠儿，十五夜

昨夜睡得烂极了，几乎要死。今天下雨。

婆婆上学去，要听先生话，不然打手心。

愿你带着满心的春笑 | 回来

阿姊：

你走了，我很寂寞，今夜不知你在什么地方，梦魂不识路，何以慰相思？

人静之后，夜的空气甜柔得有些可爱，无奈知心人远，徒增惆怅耳。旅途倦乏，此刻你一定已睡得好好儿的了。如果天可怜见，让我今夜梦里见你吧。

愿煦风和日永远卫护着可爱的你，愿你带着满心的春笑回来。

爱丽儿，廿八

□

昨天看了本影戏（有什么办法呢！）打倒了胃口，今天不想出去了。你玩得高兴不高兴？

卅

愿你丨秋风得意

好人：

今晚我把《仲夏夜之梦》的第一幕译好，明天可以先寄给你。我所定的计划是分四部分动手：第一，喜剧杰作；第二，悲剧杰作；第三，英国史剧全部；第四，次要作品。《仲夏夜之梦》是初期喜剧的代表作，故列为开首第一篇。

今天已把所抄的你的二本诗寄出，希望你见了不要生气。

今天下雨，很有了秋意。湖州有没有什么可以玩玩的地方，人家陪不陪你出去走走？除国文外，你还教些什么功课？

《仲夏夜之梦》比《暴风雨》容易译，我不曾打草稿，“葛搭”（这两个字我记不起怎么写）的地方也比较少，但不知你会不会骂我译得太不像样。

虽则你还没开学，我却在盼望快些放寒假（或者新年），好等你回家的时候来看你。民德是不是教会学校？大概是的，我想。我顶不欢喜教会里的女人。

我记住你的阴历生日是六月十八，阳历生日是七月三十一，错不错？

你肯不肯给我一个吻？

愿你秋风得意，多收几个得意的好门生，可别教她们做诗，免得把她们弄成了傻子。

魔鬼保佑我们！

一个臭男人，十七夜

小日子

今天心里有点｜飘飘然

清如：

今天心里有点飘飘然。原因是一，昨天头痛一天，今天好了；二，天很暖；三，今天星期，还要工作，虽不开心，然而机器不响，心很静，比在家或走在马路上好一些；四，已定规来杭州看你。

后天回家去，十六从嘉兴搭快车一点廿分到闸口，你能来接我最快活。十七星期六，十八星期，你得陪我玩，不，领我玩。多少高兴，想着终于能看见你，顶好的好人！当我上次得到你的信，一眼看见不许哭三字，眼泪就禁不住滚下来了，我多爱你！

心里的意思，怎样也诉说不完，也诉说不出，因此而想起音乐是最进化的语言：一切“散文的”语言文字是第一级，诗是第二级，音乐是最高级，完全依凭感觉，脱离意象而独立了。凡越朦胧则越真切。我梦想一个音乐的天国，里面的人全忘了讲话与写字。这是野话。我知道你顶明白我，但还巴不得把心的每一个角落给你看才痛快。我为莫可奈何而心痛，欲抱着你哭。

愿上帝祝福你的灵魂永远是一朵不谢的美丽的花！我能想着你，梦着你，神魂依恋着你，我是幸福的。

朱，十一下午

理想的 | 人生

澄：

带着一半绝望的心，回来吃饭，谢谢天，我拾回了我的欢喜。**别说冬天容易过，渴望着信来的时候，每一分钟是一个世纪，每一点钟是一个无穷。然而想着你是幸福的在家里，伫念的心，也总算有了安慰。**

你不会责备我说过的那些无聊话？

我实在喜欢你那一身的诗劲儿，我爱你像爱一首诗一样。

问你寒假里有没有计划的人，我不知是谁，大概是一位蠢货，一定。理想的人生，应当充满着神来之笔，那才酣畅有劲。计划，即使实现了也没趣。祝福你。

告诉我几时开学，我将数着日子消遣儿，我一定一天撕两张日历。

朱，廿三下午

写一首世间最美的抒情诗｜给你

小姊姊：

你好？我……没有什么，很倦，又不甘心睡，也不愿写信。

家里有没有信？我希望你母亲早已好了。

又一星期过去，日子过得越快，我越高兴。我发誓永不自杀，除非有一天我厌倦了你。

每天每天你让别人看见你，我却看不见你，这是全然没有理由的，我真想要你喂奶给我吃。

有人说我胖了，我完全不相信，你相信不相信？你现在生得是不是还像我们上次会面时一样？**也许你实在很丑也说不定，但我总觉得你比一切的美都美，我完全找不出你有任何可反对的地方，我甘心为你发痴。**

如果你不欢喜我说这样话，我仍然可以否认这些话是我说的，因为我只愿意说你所喜欢听的话。

我是属于你的，永远而且完全地。

愿你快乐。

专说骗人的诳话者，十一夜

如果我想要做一个梦，世界是一片大的草原，山在远处，青天在顶上，溪流在足下，鸟声在树上，如睡眠的静谧，没有一个人，只有你我，

在一起跳着飞着躲着捉迷藏，你允不允许？因为你不允许我做的梦，我不敢做的。我不是诗人，否则一定要做一些可爱的梦，为着你的缘故。我不能写一首世间最美的抒情诗给你，这将是我终生抱憾的事。我多么愿意自己是个诗人，只是为了你的缘故。

我们做人，就像在一个童话里

哥哥：

读了昨夜我给你的信，不要气我，不要笑我，尤其不要可怜我，今天我清新得很，想不到又下雨了。昨夜梦见弟弟，他成天在床上翻书，好像他不愿意住在学校里，因此回家了；我要每天坐电车上工厂做工，很有精神。我有没有告诉你，我的小的兄弟到福建当大兵去了，很有趣不是？我们做人，就像在一个童话里。昨夜跑出来把信丢在邮筒（油桶，我们从前说的）里，弄堂里看见月亮，一路上充满了工厂里吐出来的煤气，这就是我们的蔷薇花香了。Sol sol me，re do' la do' fa，la do' sol-me re sol do。这是他们唱的歌，我不知道是什么歌。我买了一包奶油朱古力。

今天早晨老太婆打碎我一只茶杯，摸出二角几个铜板，费了好一会心思算出来的价钱，硬要赔我，还她还不肯拿，很诚朴。要是这时候卓别麟[1]摇摇摆摆的进来，一定很有趣。跟他们大人我讲不来话，因为我太小了，跟小人儿又讲不来话，因为我太大了。臭虫报告了春天的消息，昨天在被中发现一个，小小心心用纸儿将它裹了，我碰一碰它就怕，觉得浑身

① 卓别麟：现译“卓别林”。

臭虫在爬，恶心死人。愿你笑！

Ariel[①]

我忘记了我说过甚么话使你感激，愿你不要过分相信我，过分相信一个人会上当的。好坏都随各人判断，没有甚么该不该。你要是能放心我，能随便我向你说什么话，我就快活了。我多分是一个趣味主义者，不是十分讲理的，我爱你也许并不为什么理由，虽然可以有理由，例如你聪明，你纯洁，你可爱，你是好人等，但主要的原因大概是你全然适合我的趣味。因此你仍知道我是自私的，故不用感激我，感激倘反一反很容易变成恨，你愿意恨我吗？即使你愿意恨我，我也不愿意被你恨的。我们永远要好，就是那么一回事，今天下雨自然有下雨的原因，但你能说天什么理由一定要下雨呢？

关于这题目有说不完的话，最好你相信，你应该这样“幸福”，如果这是“幸福”的话。

① Ariel：爱丽儿，莎剧《暴风雨》中的小精灵。

写信的｜艺术

好人：

你不懂写信的艺术，像“请你莫怪我，我不肯嫁你”这种句子，怎么可以放在信的开头地方呢？你试想一想，要是我这信偶尔被别人在旁边偷看见了，开头第一句便是这样的话，我要不要难为情？理该是放在中段才是。否则把下面“今天天气真好，春花又将悄悄地红起来”二句搬在头上做帽子，也很好。“今天天气真好，春花又将悄悄地红起来，我没有什么意见”这样的句法，一点意味都没有；但如果说“今天天气真好，春花又将悄悄地红起来，请你莫怪我，我不肯嫁你”，那就是绝妙好辞了。如果你缺少这种poetical instinct[①]，至少也得把称呼上的“朱先生”三字改做“好友”，或者肉麻一点就用“孩子”；你瞧“朱先生，请你莫怪我，我不肯嫁你”这样的话多么刺耳；“好友，请你莫怪我，我不肯嫁你”，就给人一个好像含有不得不苦衷的印象了，虽然本身的意义实无二致；问题并不在“朱先生”或“好友”的称呼上，而是“请你莫怪我……”十个字，根本可以表示无情的拒绝和委婉的推辞两种意味。你该多读读《左传》。

---

① poetical instinct：诗的直觉。

我没有要你介绍女朋友的意思，别把我的话太当真。你的朋友（指我）是怎样一宗宝货你也知道，介绍给人家人家不会感激你的，至于我则当然不会感激你。

我待你好，你也不要不待我好。

人云，难得糊涂

清如：

凄惶地上了火车，殊有死生契阔之悲，这次，怕真是最后一次来之江了。颇思沉浸六个钟头的征途于悲哀里，但旋即为车厢内的嘈杂所乱，而只剩得一个徒然的空虚之怅惘了。八点多钟回到亭子间里，人平安。

你会不会以为我这次又是多事的无聊？我愧不能带给你一点美好的或物，并不能使自己符合你的期望。每次给你看的一个寒伧的灵魂，我实不能不悲哀自己的无望。我没有创造一个新运命的勇气，不，志愿，又不能甘心于忍耐。正同你说的，我惟蕲速死，但苦无死法，人生大可悲观。人云，难得糊涂，虽糊涂的骨子里实具有危险，我苦于不能糊涂。

但只你我的友情存在一天，我便愿意生活一天。如果我有时快乐，那只是你美丽的光辉之返照。我不能设想有一天我会失去你，那是卑劣的患得患失的心理，我知道。我相当的爱我每一个朋友以及熟识的人，可能的话，我也愿爱人生和举世一切的人，但我是绝对的爱你，我相信。我希望这不是一个盲目的冲动，我该不能再受感情的欺骗了。

这次给我一个极度美丽的记忆，我不能不向你致无量感激敬爱之忱。我害怕我终不会成为你的一个真的好朋友，因我是一个不好的人，但我愿意努力着，只要你不弃绝我。

谁知道我们以后还会不会会见了！哀泣着的是这一个失去了春天的心。春天虽然去了，还能让它做着春天的梦吗？虽然是远隔着，在梦里我不愿离开你，永远。

愿你真的快乐，好人！

朱，十八夜

借给我五块钱，好久以后还你

祖母大人：

请借给我五块钱，好久以后还你。

请讲个故事给我听，Once upon a time there was a king[1]。

请不要哭。

请待我好。

出须官官，十七

---

① Once upon a time there was a king：意为“从前有一个国王”。

我叫 | 这个名字

小宋：

代你作了三首诗，这玩意儿我真的弄不来了。

春风转眼便成秋，昨日欢娱此日愁。
愁到江山齐变色，惹伊鸥鹭亦低头。

不见花前笑脸红，寂寥身世可怜虫。
寒松阡陌娥眉月，肠断坟头夕夕风。

迷离旧事逐烟尘，不尽凄凉剩此身。
梦里依稀犹作伴，一灯红影照三人。

我现在很有钱，你要我买点什么东西给你？

（我叫这个名字）

廿一

此刻尤想｜吃ice cream

清如：

元旦早上到家，过了两夜，今晚回上海，读了你的信，很快活。

家里当然并没有趣儿，来了几个客人，吃吃东西发发闷，想给你写信也没心思，一半因为没有钢笔墨水我写不出。夜里仍做些梦，都不记得了，今天早上困晏觉，在被中想想你，曾经哭哭，不是为伤心或相思得苦，只是无聊而已。

我的年龄一共有四说，廿二岁，廿三岁，廿四岁，廿五岁。

再过两天是星期，又得玩了，还剩两三块钱。至少可以把西席地米尔的*Cleopatra*①和刘别谦的*Merry Widow*②两本一起看过。郑天然这家伙不知究竟打算来不来，要是明天不来，我根本对他失望了，已经是第四次的延期。

什么希望都没有，只希望就看见你，你阴历新年在家还是在校？

这是今年我所写的第一封信。一切的思念和祝福都属于你，愿你无限好。

我怪爱在冷天吃冷东西，此刻尤想吃ice cream。

朱，三日夜

---

① *Cleopatra*：当时译《倾国倾城》，现译《埃及艳后》。

② *Merry Widow*：《风流寡妇》。

有得时间生病，宁可谈恋爱

宋：

今夜我非常口渴。

从前有一个阿Q式的少年，某个女郎是他的爱人，但他并不是她的爱人，因此你可以知道他们的是一种什么关系。然而他是个乐观的人，他说，她不过是嘴里说不爱我，其实心里是很爱很爱的；因此他非常幸福地生活下去，直到有一天她把他完全冷淡了。他说，真的爱情是渊默的，真的热力是内燃的，而外表像是蒙上一重冰冷的面幕；因此他仍然非常幸福地生活下去，直到有一天她嫁了人了。他说，爱不是占有，无所用妒嫉而失望，而且她嫁人是一回事，爱我又是一回事，她的心是属于我的；因此他仍然非常幸福地生活下去，时时去访候她，直到因为太频繁了而一天被飨闭门羹。他说这是因为她要叫我不要做傻子，既然我们的灵魂已经合成一体，这种形式上的殷勤完全是无谓而多事的；因此他仍然非常幸福地生活下去，直到老死，梦想着在天堂里和她在一起。横竖天堂并没有这回事，只要生前自己骗得过自己，便是精神上的胜利了。我说这样的人，非常受用。

真是从心底里感谢你给我的那两张照片，取景、位置、光线，都很好，那女郎可爱极了，你愿不愿为我介绍？看她的样子很聪明，很懂事，而且会做诗、也许很凶（？）

读书要头痛，最好的办法，就是不读，等不痛的时候再读。可惜你不多跟我在一起，对于应付功课债方面我是顶在行的，在大考的时候，我惯是最悠闲的一个，虽然债欠得比谁都要多。

我不希望你来（不是不要你来），你来我会很窘的。

买了一本《文学月刊》，一本《文学季刊》，其中的小说，模模糊糊看不下去，我说去年一年在小说、戏剧、诗歌一方面都绝少收获，诗歌已至绝路，戏剧少人顾问，小说方面，还有一批能写的人，可是作家一成名，便好像不能再进步了的样子。过时的作家写出来的东西几乎没一篇不讨厌。

前夜去看《风流寡妇》影片，我不曾看过《璇宫艳史》，很抱歉，刘别谦的作品一部也不曾看过，我以为一定是很好的，至少在技巧上画面上，不能怎样说它坏。但希望过奢，不免有些失望。故事不算不发松，不知为什么总觉得很空虚，不似《云台春锁》那样嘲讽得泼辣淋漓。歌舞场面的富丽，则别的影片如《奇异酒店》等中也已见过。希弗莱我本来相当的喜欢的，虽则他不是美少年，这里仍然是他的顽皮。但麦唐纳在任何一方面都不能使我满意，第一她完全不美，不动人，简直有些难看，第二她的表演也是平平，没有出色的地方，歌唱得还好，但不及Grace Moore[①]。

因此今天*Cleopatra*也不去看了、左右不过是铺张一些巨大的场面，比之《罗宫春色》和以前的《十诫》《万王之王》是较失败的一张，因为

① Grace Moore：格雷丝·摩尔，20世纪美国女演员。

缺少情绪上的力量，据说是。附近的小戏院里映《狂风暴雨》，去温了一遍，这类片子才真是百读不厌，而且第二遍比第一遍更满意。

郑××我看他真没有脸孔活在世上，日本大概不会去了吧？和你的说去北平一样，可是你有你的客观环境，还可以原谅，他赖在家里不知作甚么的。

接受我的渴念和祝福。

朱，六日夜

你一定说我不好，大概已成定谳，再为自己辩护也没有用了，我将以自怨自艾的灰心失望度过这不得你欢喜的余生了吧，言念及此，泪下三钵头。

如果上某个教员的第一班课，在开首几个星期里，必得格外巴结，给他一个特别好的印象，以后可以便宜不少，就怎样拆烂污也不要紧了，这是我一贯的政策，我的好分数都是这样得来的。

我不笑你，但我真愿你不要再病了，永远地，永远地。不是假惺惺，真有点怅惘。有得时间生病，宁可谈恋爱。

我能够崇敬你的，如果你愿意。

总之，浮生若梦

一九三五年一月廿三晚间

今天曾到什么地方走过？

四点半因为寄一封信出门去，茫然地坐Bus到外白渡桥下来，抄到北四川路邮政局前，摊头上买了一本《良友》（不好，印刷也大退步），旋即回来。**总之，做人无趣。**

刚才吃过夜饭吧？

是的，今夜饭菜有鸡，虾，咸肉等，虾是二阿姨从常州带来的，伯群先生也在座，看样子他们的婚期就在最近，青春过了的人，对于这种事，除了觉得必要这一个思想外，不会感到怎样的兴奋吧。**总之，人生不过尔尔。**

请问，足下对于婚姻的意见。

这是个无聊的发问。我只觉得看着孩子们装新郎新妇玩是怪有趣的，变成真事就没趣。**总之，浮生若梦。**

感慨很多吧？

没有什么感慨。有一个朋友因放学需钱，要向我告借五块，有趣得很，端整的钢笔字写了满一页，开首是寒暄，于是说我心性倾向悲观，应当怎样求解脱，念佛修行……

是不是开玩笑的写法？

不，完全是一本正经的，他是个古怪的佛教徒。于是借钱。钱我借不出，五块钱是还有，预备留在身边。去年他也向我借过五块，那时正是闹裁员欠薪，我一块都没有，好容易设法寄了他，不但不还，收到后回信都不给。在现在懒得一切的心情里，像煞有介事的写复信去给他声明苦衷兼讨论大乘教义的事，也只能作罢了。**一切有为法，如露亦如电。**

今天晚上预备如何消磨？

可怜也，本想一头钻到被里翻旧的外国杂志看，可是心里觉得怪无可如何的，想写信给澄哥儿。

他今天没信来吗？见了相依为命的母亲的面，该是怎样的悲喜交集吧。

今天望了一天信，只要知道他平安快乐就好了。做人有什么办法，不要见的人天天混在一起，心里欢喜的人一定要盼呀盼呀才盼到一天半天或者几十分钟的见面。

得了，你有那么好的一个朋友，岂不应该心满意足了吗？这世上，寂寞的人，心灵饥饿的人，是多到无可胜计哪，比之他们，你算是特别幸福的了。

（受了恭维，很快活）所以，我总不承认我是pessimist[①]。

你现在希望什么？

容我思索一下。——希望生活有些满意的变化，这是uncertain[②]的。最远一个希望是死，永久的安息。比如拍电影，这是远景，把镜头尽量推近，一个可能的希望是不久能再看见我的朋友（你知道我说的是谁）；再推近，一个半身景，这希望是快些放阴历年假；再近，一个面部的特写，是希望最近的一个星期日。

近来看过电影没有？

正式看过的只一张《国际大秘密》，片子不坏，人材不差！但趣味不浓厚，是美国式的俄国革命影片，其中的列宁扮得很像。中央电检会通过准映，但今天报纸上又载重新禁映了，不知什么理由。其实是非常灰色的一张。

领教领教，现在预备写信了吧？

不，算了。今晚一定早点睡。

那么再说，愿你今夜有个好梦。

看见宋吗？我想我不会有那样福气。

---

① pessimist：悲观主义者。

② uncertain：不确定的。

看见太阳，心里便有了春天

人生当以享乐为中心。第一种人眼前只道是寻常，过后方知可恋，是享乐着过去。第二种人昨日已去，不用眷眷，明日不知生死，且醉今宵，是享乐着现在。第三种人常常希望，常常失望，好在失望后再作新的希望，现实不过如此，想象十分丰富，是享乐着未来。你在读书时可以想象放假而快乐，放假时可以想象读书而快乐，于是永远快乐。

我假从二月二日（记住那是我的阳历生日，阴历生日已过去两个星期）放起，不想就急急回家，那天（明天）上午或者去买东西，下午或者去看舞台人的演剧，或者晚车回去，三日四日五日六日都在家，七日回上海，八日再可以玩一天，九日上工，十日星期仍上工，到十七再玩。

到家里去的节目不过是吃年糕，点蜡烛，客人来（我希望她们不要叫我拜客了），以及叉叉麻将。

新近发现了一条公理：凡是巴巴的来看我的朋友，都不外是因为：1.借钱，2.托我事情；其余的朋友都不愿意见我，这最近有好几个例证：

一、一个在苏州的好几年不见但常通信的朋友到上海来，打电话叫我到中央旅社看他，我把中央误听了东亚，找不到，后来他说，本想来看我，想想见面没甚么意思，因此就走了。

二、你过上海时我来车站望你，你说我不应该来看你。

三、郑××上次穷瘪来投靠我，今番堂而皇之地出洋，于是打电话来关照我都叫茶房代打，当然再不要光顾亭子间了。

四、我叫任铭善到我家来玩，他想了好几天，终于决定不来。

苦笑而已，云何哉。

看见太阳，心里便有了春天，天气真有暖意，即使不怎样暖（否则室内不用生火炉），至少有这么一点“意”。可是上海是没有春天的，多么想在一块无人的青草地上倒下来做梦哩。手心里确是润着汗，今年的冬天是无需乎皮袍子的，只是不知几时才会下雪，虽然我并不盼望。

你得来看你的朋友，如果不是一个古怪的人，便是一个平常的人，因为你要叫我猜，我便猜她（不是他吧）是一个古怪（means[①]有些特殊的地方）的人，否则你没有向我特别提说的必要。古怪两字用指最高泛的意义，不单指人的本身，也指case，condition[②]等等而言。

这答案答得坏极。

Bertram[③]的离别使她的眼里充满了眼泪，心里充满了悲伤。因为她虽是绝望地想着他，但每点钟和他相对，对于她终是很大的安慰。

---

① means：意思是。

② case，condition：意为“情形”“状况”。

③ Bertram：伯特伦，莎剧《终成眷属》中男主人公的名字。

Helena[1]会坐着凝望着他暗黑的眼睛，他慧黠的眉毛，他美发的涡卷，直至她好像把他的肖像完全画在她的心版上，那颗心是太善于保留那张可爱的脸貌上每一根线条的记忆了。

当我年轻的时候，我也是这样的。**爱情是那朵名为青春的蔷薇上的棘刺。在年轻的季节，如果我们曾是自然的儿女，我们必得犯这些过失，虽然那时我们不会认它们为过失。**

不要自寻烦恼，最好，我知道你很懂得这意思。但是在必要的时候，无事可做的时候，不那样心里便是空虚得那样的时候，仍不妨寻寻烦恼，跟人吵吵闹闹哭哭气气都好的，只不要让烦恼生了根。

你是个美丽而可爱的人，春天、夏天、秋天和冬天的精神合起来画成了你的身体和灵魂，你要我以怎样的方式歌颂你?

祝福！

朱朱，一日

① Helena：海伦娜，莎剧《终成眷属》中女主人公的名字。

在风雨的下午或星月的黄昏|走那么一段

清如：

在刚从严寒中挣扎出来，有温暖而明朗感的悦意而又恼人的天气，在凄寂的他乡，无聊的环境里，心里有的是无可奈何的轻愁，不知要想些什么才好，只是惓惓地记忆着一个不在身边的，世间最可爱的朋友，当我铺纸握笔的时候，应该是有一些动人的话好说的，然而我能说些什么呢？

我无法安排我自己的时间，想定定心在公余做一些自己的工作，不能；随便读些书，也是有心没绪的。心里永是那么焦躁不宁。如果不是那样饥渴地想忆着你，像沉舟者在海中拼命攀住一根漂浮的桅杆一样，我的思想一定会转入无底绝望而黑暗的深渊，我觉得我的生命好像不是属于自己的，非自己所能把握。

要是此时我能赶来看看你，该是多么快活！我说如果我们能有一天同住在一个地方的话，固然最好相距得不要太远，但也不必过近，在风雨的下午或星月的黄昏走那么一段充满着希望的欢悦的路，可以使彼此的会面更有意思一些。如果见面太容易，反而减杀了趣味，你说是不是？如果真有那一天就好了！别离有时是太难排遣的。

廿九·夜

我看见女人|很难为情

第一，我不能承认半生不熟即是中庸之道，中庸之道完全是经验，是成熟，懂得中庸之道的，都是处世已达到炉火纯青，熟透了的程度，而半生不熟则是涉世未深者的本色，所谓半生者，仅别于全然的乳臭而言。

其次，中国文化得以保存至今，完全是侥幸，从前未和西洋文化接触，因为一切天然的优势，邻近各民族都成为文化上的附庸，但西方势力一进来之后，不是就显出了岌岌可危的形势了吗？

如果你一定要让，那么我让你去让吧。

来不来要探询别人的意见，岂不无谓！高兴便来，不高兴便不来，何必管别人愿不愿。要是你来了，不是因为你乐意来看我，不过因为我希望你来的缘故，借着感情的关系硬拉人家作一次非本心的探望，有甚么快活呢。

你当然是很好的，否则我怎会爱你？至少你是如此中我的意，使我不再希望有一个比你更好的人。你以为我这话是不是诚实的？我告诉你是的，我眷恋着唯一的你。

我不愿意你来，因为我看见女人很难为情。

很classic，很poetic

清如：

昨夜又受了一夜难，今天头颈的两侧肿了起来，仍然没有死。

因为放假，在房间里躲了一天，看皇家电影画报，即使是电影杂志，英国人出的也要比美国人出的文章漂亮得多。比如说《卡尔门要不要剃掉他的小胡子》这一个卑琐的题目，也会写得颇生动。

似乎我很好辩，昨夜醒着时，专在想辩驳你的话，我想你说的“没有恋爱经验的人决不会心跳”这句话确实是异样重大的错误，很简单地反问你一句，那么富有恋爱经验的人反而会心跳吗？从未上过战场的人不会心跳，久历战场的人反会心跳吗？恋爱经验和心跳的程度是成反比例的。我告诉你，越未曾恋爱过的心越跳得厉害，它会从胸脯中一直跳出口里，因此有许多人一来便要说我爱你。固然就是我爱你也得加以审判，有的人不过是别有企图，或者不负责任地随便说说，但这些人的我爱你是空气经过嘴唇的颤动而发出的声音，并不是直接由心里跳出来的。

再论客气问题，我以为客气固然是文明社会所少不来的工具，然而客气也者，不过是礼貌上的虚伪，和实际的谦逊并不是一件东西，凡面子上越客气，骨子里越不客气，这是文明人的典型，倘使是坦率地显露自己的无能，那在古人是美德，在现代人看来是乡曲了。即孔子也说过“当仁不让”的话，因为时代的进展，目今是“当不仁亦不让”。不看见列强的竞扩军备吗？要是日本自忖蕞尔小国，不足临大敌，那么帝国的光荣何在？皇军的光荣何在？你如果还要服膺先圣之遗言，那么无疑要失去东四省的。这引申得太远了。

朋友以切磋琢磨为贵，敢以区区之意，与仁弟一商酌之。

关于半生不熟的问题，也曾作过严密的论辩，因为构思太复杂，此刻有些记不起来，暂时原谅我，因为生病的缘故。

□

我咬你的臂膊（这是钟协良的野蛮习惯之一，表示永远要好的意思，当然也是很classic[①]，很poetic[②]的）。

关于半生不熟的思想问题，我的论辩如下：

我知道你不单恋爱缺少经验，就是吃东西也缺少经验，否则不会说出半生不熟的东西人家最爱吃的话来，至少一般人和你并无同嗜。固然煮鸡要煮得嫩，但煮得嫩不就是半生不熟，最好是恰到火候，熟而不过于熟，过于熟便会老，会枯，会焦。所谓过犹不及，过即是太老，不及即是半生不熟。同样所谓思想上的调和、折衷、妥协等等，固然革命的青年们是绝对应该唾弃的，但在处世上仍然有很大的用处。调和、折衷、妥协的人都可以说是你所谓的聪明人，然而你要明白，调和、折衷、妥协并不就是半生不熟，前者完全是政策关系，或阳左此而阴就彼，或阴左此而阳就彼，运用得十分圆滑，便能两面讨好。

---

① classic：经典的。

② poetic：诗意的。

然而半生不熟是思想的本身问题，在个人方面会使自己彷徨无出路，在应付环境一方面恰恰是两面皆不讨好。后者可以胡适之为例子，前者可以阮玲玉为例子。胡适之在以前是新思想的领袖人物，为旧人所痛恨，为新人所拥戴，总算讨好了一面；而今呢，老头子憎恶他仍旧，青年们骂他落伍，便是因为思想上不能与时俱进，成为半生不熟的缘故。阮玲玉的死，是死在社会的半生不熟和自己个人的半生不熟两重迫害之下。

何以谓这社会是半生不熟的？可以从活的时候逼她死，死了之后再奉她为圣母一样的事实见之。要是在完全守旧的社会里，这样一个优伶下贱，又不能从一而终，没有个人敢会公然说她好话的；在更新的时代里，那么，第一，她不会自杀；第二，即使自杀了，社会对她的死也只有冷静的批判，而不是发疯的狂热。这种畸形的现象，当然是半生不熟的社会里才会有，然而要适应这种半生不熟的社会，却应当用调和、折衷、妥协的手段，要是再以自己的半生不熟碰上去，鲜有不危哉殆矣的。

何以谓阮玲玉自己是半生不熟的？我们知道她是个未受充分教育，骨子里尚承袭着旧社会中一切女子的弱点，因此是怯懦、胆小、做事不决裂、要面子，其实和第一个男子离开了以后很可以独立了，而仍然要依附于另一个铜臭之夫的怀中；同时她却比普通女子多一些人生的经验，多有在社会上活动的机会，对于妇女的本身问题不无自觉，然而她不够做一个新女性（当然怎样算是新女性是谁都模糊的，这名词不过喊喊罢了，如其说单单进工厂去做女工便成为新女性了，更是简单得有些笑话），因为她没有勇气，没有勇气的原因是自己心理上半生不熟的矛盾。因为一死表明心迹很近乎古烈士的行为，便激起了多情人们的悼惜，其实是多么孩子气得可笑啊。

这样的说法已和我本来批评你的半生不熟的原意有些出入了，但也可以当作引申，你不为你自己辩护而为半生不熟辩护，这也是失着，我不知道你究竟是不是半生不熟？

诗最好是丨不读

然则为什么不抛开书本，畅快地玩一下去?

“欣赏”不可写作“兴赏”。

诗最好是不读。

如果欣赏诗需要天才，那么看电影岂不也要天才?对于艺术的理解力的深浅，完全资于个人的素养，依浸润的程度的深浅而定，与天才无关。正如吃冰淇淋一样，发明制冰淇淋者自然是一个天才，但晓得冰淇淋好吃的人却根本无需乎天才。第一次吃冰淇淋的时候，牙齿冷得发痛，吃了一口便不敢再吃下去，后来我却成为冰淇淋的饕餮者，这便是因为对于吃冰淇淋的素养丰富起来，而理解力也有了进步了。吸鸦片烟也是这样，我们一闻到鸦片烟气味便欲作呕，正如读理科的人看见了诗要摇头一样。但嗜于此者，则醰醰焉有登仙之感。这不是他们有吸鸦片的天才而我们没有，只是因为我们缺少吸鸦片的素养的缘故。

至于批评任何事物的主要条件，只要不怕难为情，随便怎样瞎话一泡，总能言之成理。如果胆子一小，害怕自己说得不对，便没有希望了。

如果没有课，不要老躲在宿舍里，实梗[1]用功啥事体？

《江苏教育》大概是江苏省教育厅出版的吧，今天不曾到四马路去，明后天也许去。

我说你不要太客气，无论如何，从你那首“奈何天，雨丝风片”的宝塔诗起直到现在能填词的长调，而且居然很不坏，这进步不能说是不快，即使不好意思说你是绝世的诗才，至少也不能不承认你有些小小的天才。不过以后或许你不会再有什么进步，我觉得。

女孩子当中像你这样有意味的人的确很难得。她们有些只好作作摆供，有些是天生成的玩物，有些连作摆供玩物都不配；好一点的，或者能够在家庭内作一个贤妻良母，或者也能够服务社会。但前者又往往是心胸眼光见解一切都狭隘得很，后者又往往老气横秋，令人敬而远之，都是一些失去“女性”的女性。因此所谓找寻一个异性的“朋友”，实在并不是一件容易的事。

再说下去，又是痴话了。**你使我快活，我多么高兴（“高兴”这两个字意味太薄，无论如何我还是想用“爱”字。）你！**

十六夜间

---

① 实梗：意为“这样”。

先还你丨五块钱

宋：

本来我知道你一定不会答应到我家里来，但我确痴心地盼你打上海过，还望你带好东西来我吃呢。又是这么像是特意要避过我似的，连安慰也不留一句地走了，怎不叫人耿耿呢？你或许以为车站上几分钟的相对没有什么意思，徒然引起一些惆怅，但在我，就是惆怅也好，日复一日的枯燥的生活，多么想望一些小小的兴奋，即使不一定是快乐，也总比空虚的想望好些。而且我是那么不自由，要来看你一次，总得顾虑着钱，顾虑着时间。一共在世上我们也没有多少年岁好活，见面的机会是那么稀少得令人伤心，更能禁得起多少次的失望呢？

我常常不大愿意提起关于结婚的一个问题，尤其是在一个要好的女朋友之前，但今天却想以纯粹朋友的立场，提供你一些意见。唯一我替你担心的，便是你对于一切都抱着得过且过的态度，害怕想到将来，甚至于想借着短命来逃避（也许我也有些如此），其实将来也许并非一定那样可怕也说不定。在此刻，我们的处境很有些相仿，我们的家庭方面都在盼望我们赶快结婚，而我们自己则都在托辞敷衍着。关于我自己，我抱着不结婚的理想，少说些也已有五六年了；起初还只是一个理想主义者的诗意的想头，伴着对于现社会婚姻制度的不满，而近年来生活的困苦的暗影更加强了我的决心。姑母她们以为我现在不愿结婚是有所期待，或者因为嫌现在所入菲薄，要等经济方面有恃无恐后再说，因此倒是相当地嘉许我，但我如说出永远不结婚的话来，她们便要说我是傻子，而且也不肯相信（按照我们的道德的逻辑，你不娶妻生子，父母生下你来做甚么？在这种训条之下，一个男人所受的责备要比女子厉害得多），然而我自己相信我是聪明的，虽然未免偷懒规避了“人生的义务”。同时我对自己也很有把握，即使我母亲从坟墓里复活转来硬要逼我尽我所不愿尽的职，我也不惜做一个忤逆的儿子，为着保持自己最少限度的自由。

关于你，那么似乎你的理由只是因为怕和平常女人陷于同样命运之故，然而这并不是怎么充足的理由，因为命运的平凡不平凡和婚姻并无绝对的关系，真是一个能够自己有所树立的女子，那么虽结了婚也不妨害她为一个不平凡者。不然的话，你能说一般的独身妇人比结婚者的命运更可傲些更幸福些吗？多分是反而更悲惨些。你是爱你的母亲的，如果搪饰到无可搪饰，敷衍到无可敷衍的时候，为了不忍伤她的心，会不会乖乖地听起话来呢？如果终不免有那一天，那么宁愿早些留心为是。一个理想的男人和一个理想的朋友不一样，只要人格高尚，有思想，诚实负责，经济宽余的人就合式了，如果有这种人，还是不要放弃机会的好（一见面感情泛滥的人是靠不住的）。

有了安定的小家庭生活（少年时的彷徨烦闷其实都是生活不能安定之故），只要不忙着养儿子，自己计划着一种有意义的生活方式或找些不烦重的工作，或研习学问，何尝不能获得甚大的乐趣（如果有了计划做不到，那是自己本身的劣根性，这种人无论结不结婚皆无办法）。我不知道你对于自身的将来能不能下一番透彻的考虑，因为无主义的因循是不幸的。我的意思并不是要劝你结婚，或不结婚，但无论结婚不结婚，都得立定斩截的主意，不要含糊过去。我以为你的身体不是个耐得起辛苦磨练的人生战士的身体，事实上你需要一个较温柔的环境。我这种话也许会使你很生气，但这些全是我对于你的诚挚的友情中所发出的一些无我的意见。我相信你如真结了婚一定会使我感到甚大的悲哀，因为也许我们本来不痛快的交往将更受到一重无可如何的拘束，但我对你太关切了，我殊不愿见你永远是一头彷徨歧路的迷羊。我自己又是那么无能为力，除了爱你之外，对你一点用处都没有的。

你当然也不要太用功（我知道你不会用功的），但在之江这种地方如果说稍为读读书就会对健康有碍的话，我总不能相信。我自己的体格，谁都说我很不好，但在如今这种不健康的环境里过着不健康的生活，两年了，身体也不见坏到什么地方去。太娇养了也是不对的。

我是个理想家，想到现实会使我黯然，但我也不想躲避现实，一切凭着上帝或魔鬼的旨意吧！

一切的祝福，你知道我将爱你到永远，像爱一个最喜欢的兄弟姐妹一样。

朱，五日晚

先还你五块钱，因需要付房租等没得多，其余的五块过两星期后准还你，虽然我知道你并不要紧。

秋是｜最可爱的季节

清如：

真的是满城风雨，外面冷得令人发抖，雨不单是从天上落下来，还要从地面上刮起来，全身淋湿在雨中（伞当然是撑着的），风可以把你吹倒，真令人兴奋。回到斗室中，那么温暖！无月的中秋是可爱的。

——昨夜

今天大家嚷冷，有人夹袍戴草帽，有人夏布长衫内罩绒线背心，无奇不有。冷我是欢迎的（你当然也赞成），可是这一下太突然，多多珍重玉体吧。

秋是最可爱的季节，因为她是最清醒的季节，无论春夏冬，都能令人作睡眠的联想，惟秋是清醒的。

我怕一切人，我顶怕你，我可不怕我自己，我高兴的时候，我爱爱他，我不高兴的时候，我虐待虐待他，有时完全把他当做一个不相干的人，他发痴，他被你吃瘪，都不关我事。

昨夜又做梦，你不了解我，我伤心。滑稽总归是滑稽，了解这两字的意义我就不了解，我也从不想了解我，我也不曾了解你。

祝我的爱人好。

吃笔的家伙——今天

Forget—me—not[①]

古昔一对男女
走到这桥上，
说，“别忘记我！”
他们手中的蓝花，
无意跌进水中，
水边伤心地长起来的，
是蓝色的毋忘我了。

撷了它，
表示相思之情。
远离的人，
记得王维的诗吗？

---

① Forget-me-not：毋忘我。

“红豆生南国，

南国的秋天是这样愁思着了；

红豆子是顶相思的，

多多的采哪！

多多的采哪！”

南国的春天是一样寂寞的，

赠与你，

这一束毋忘我吧！

清如：

这样的诗，算不算得诗究竟？近来颇想作诗，然Rhythm①的贫乏乃是生命中的根本问题，能做一个Poetaster②也只是由于你的感叹，故Verse Libre③似更适宜于我。

你将要说“儿大的假期，莫名其妙地过去了”。是不是？也许，“人有点疲乏。”

昨夜我是来到你的楼下叫你，叫法有点特别，我是这样叫着：“宋！——清！——如如如！”楼上有人说快来了，你也答应我就下来，然而等着叫着，我却无可奈何地醒了，这样的调排④人，悲哀得很。

忽然记起了许多近来做过的忘却的梦。昨夜也做过无数的梦，其中有

---

① Rhythm：韵律。

② Poetaster：蹩脚诗人。

③ Verse Libre：自由体诗。

④ 调排：意为“捉弄”。

一个是“激于正义”的梦，学校逮捕了两个学生，也许是为着“思想”上的问题，总之是非常无理由的。其中一个女同学已嫁人，怀着孕并且在生病，幽在一所古寺里。学校召集全体同学开会，征询全体对于他们的意见，布告上说，“将于此会觇出每个学生思想的邪正，谁对他们说援助的话就是‘卢布党’，同情于学校的才是稳健党”。所谓“卢布党”也是要逮捕的。我当时很想在开会时甘冒不韪，侃侃发言，但很快又做别个梦了。自己是自由思想者，对于法西斯派的抬头颇不愿意。

你可不可怜我常常做梦？梦里常常有你，但不大看见你，你又老不说话，大概因为一向你在我面前总是那样斯文的缘故。你怕不怕痒？胳胳……肢！

八日上午

汉高祖｜他要我把《史记》译为英文

好人：

心烦得想死，可是不再见你一面而死，又有些不甘心。

昨夜梦见汉高祖，他要我把《史记》译为英文，费了整天工夫，我把《史记菁华录》上的《项羽本纪》译完，最后一段译不出，我便对他说可以不用译。我告诉了他两句诗句，他大为得意，连忙召集群臣，大开宴会，席上把这两句诗念了出来，说是自己做的（“年年老我春光里，片片花飞是异乡”），大家一齐喝彩。我说：“陛下，你忘了，这两句诗是我告诉你的。”他恼羞成怒，便把我的手指头都斫去了。他的女儿因为她父亲太残忍，和我商量把他杀死而一同逃走。未央宫前有一条黑水河，河里荡着一只不系之舟，我们预备乘黑夜坐这舟到上海租界里去……

我希望我是个乌龟，不痛快的时候把首尾手脚一齐缩进壳里，一切都不管账。

你很可怜，因为你居然会爱我，其实我比蚂蚁还不如。让我忘记一切一切，只记得世上有一个你吧。我疼你，我爱你，我崇拜你。

子路，十

语云，秀色可餐

语云，秀色可餐，这是一句东方文明的话。东方人看见一个美人，就用眼睛和灵感去餐她的秀色。而且他们不单是餐人的秀色，还要餐山水的秀色，餐花草的秀色，餐文章诗词图画的秀色！他们餐着这种无实感的东西，就像我们的祖先在祭祀时只吞些酒食的蒸汽一样。我是连茶香酒味都不能领略的人，人家如款我以秀色，我将敬谢不敏。**有时我对你说的我要吃了你，那是从头到脚连衣服鞋袜一起在内整个儿的把你吞下肚里去的意思，是非常野蛮的馋欲，你会不会吓得哭起来了呢?**

我知道你未必肯到我家里来玩玩，不过我很希望几时有便你能来一次。我近来对我的家很有好感。自从初小毕业之后，我因走读方便之故就寄住在姑妈家里，从高小到中学几年，大半时间都在姑妈家。我不大喜欢她家，因为她家在城内，房子不很大，因人多很有些挤，而且进出的人很热闹，我老是躲在楼上。高小一毕业，我便变成孤儿了，因此一生中最幸福的时间，便是在自己家内过的最初几个年头。

我家在店门前的街道很不漂亮，那全然是乡下人的市集，补救这缺点的幸亏门前临着一条小河（通向南湖和运河），常常可以望那些乡下人上城下乡的船只，当采桑时我们每喜成天在河边数着一天有多少只桑叶船摇过。也有渔船，是往南湖捉鱼虾蟹类去的，一只只黑羽的捉鱼的水老鸦齐整整地分列在两旁，有时有成群鸭子放过。也有往南湖去的游船，船内有卖弄风情的船娘。进香时节，则很大的香船有时也停在我们的河埠前。也有当当敲着小锣的寄信载客的脚划船，每天早晨，便有人在街上喊着“王店开船”。也有载着货色的大舢板船，载着大批的油、席子、炭等等的东西。一到朔望烧香或迎神赛会的节期，则门前拥挤得不堪，店堂内挤满了人。乡下老婆婆和娘娘们都头上插着花打扮着出来谈媳妇讲家常，有时也要到我家来喝杯茶。

往年是常有瓜果之类从乡下送来的。但我的家里终年是很静的，因为前门有一爿店，后门住着人家，居在中心，把门关起来，可以听不到一点点市廛的声音。我家全部面积，房屋和庭院各占一半，因此空气真是非常好，有一个爽朗的庭心，和两个较大的园，几个小天井，前后门都有小河通着南湖，就是走到南湖边上也只有一箭之遥。想起来，曾有过怎样的记忆呵。前院中的大柿树每年产额最高纪录曾在一千只以上，因为太高采不着给鸟雀吃了的也不知多少，看着红起来了时，便忙着采烘，可是我已五六年不曾吃到自己园中的柿子了。有几株柑树，所产的柑子虽酸却鲜美，枇杷就太酸不能吃。桂花树下，石榴树下，我们都曾替死了的蟋蟀蜻蜓叫哥哥们做着坟。后园的门是长关的，那里是后门租户人家的世界，有时种些南瓜大豆青菜玉蜀黍之类。后园的井中曾死过人，禁用了多年，但近来有时也汲用着，不过乘着高兴而已，因为水是有店役给我们在河里挑起来的。有时在想象中觉得我的家简直有如在童话中一般可爱，虽然实际一到家，也只有颓丧之感，唤不起一点兴奋来。

我姑母家就不然，喧噪代替了冷静，城市人的轻浮代替了乡下人的诚朴，天天不断着牌声。谈起姑妈家的情形，也很是一幕有趣的包罗万象的大家庭的悲喜剧。姑夫是早死了，我不曾见过面，他家是历世书香，祖上做过官府，姑夫的老太爷（我曾见过面）当年也是社会闻人，在维新和革命后地方上也尽过些力，就是嘉兴有黄包车他也是最初发起的一个。他有一个相貌像老佛似的大太太，前几年八十多岁死了，和一个从天津娶来的姨太太（现还在着），倒是很勤苦的一个。

大太太生了七个孩子，四、六早殇，姨太太无出。我姑夫居长，也是个短命的，他的两女一儿，我的大表姐嫁在一家富商人家，很发福，但也很辛苦，养了六个男女孩子。表哥因当年偷跑出来在陈英士手下当学生军，便和军队发生了关系，后来学了军医。曾有一时在家闲着作名士，那时他天天发牢骚，带着我上茶馆跑夜路，那种生活想起来也很有趣。后来在冯玉祥吴佩孚军中，辗转两湖西北中原各地，此刻也有了上校衔头，在汉口娶的妻是基督徒，生了儿子叫雅谷。第二个表姐也三十六七岁了，没有嫁人，姑母很着急，但我看来不嫁人也没什么关系，此刻就嫁出去也不见会嫁得着如意郎君，左右替人当当家管管孩子，有什么意思？她自己恨的是早年失学，不能自己谋生，但实在人很能干。

姑夫的第二个兄弟也不长寿，他的寡妇是一位很随随便便的太太，生活十分清贫，但有些自得其乐。儿子存着二个，大的跟叔父在四川，从不寄一个钱回来给母亲，小的在家乡米店里当伙计，吃苦耐劳，克勤克俭，把每月五六块钱工资换米来养娘，大家都称赞他。三老爷在四川做了半世穷官，殇殁他乡，生后萧条。老五是个全福之人，也在四川，当电报局长，颇有积蓄，夫妻健在，儿女无缺，儿子在北大读书，是很阔的大少爷。老七是个落魄汉，不事生产，在家乡别居着，因为文才尚可，写得一笔秀丽的字，替人写写状子，报馆里做做访员。常常衣不蔽体，履穿踵决，有时到家里去敲敲竹扛，寻寻相骂，鸦片瘾很深，牢监也坐过，女儿已卖了。我猜想在中国这种家庭也不少。

今天你还没有信来，别的没有什么，我不知你究竟人好不好？很是挂心，使我不能安定。祝福你！无限的依恋。

廿

大概她老了，又住在上海

宋：

薪水大概是后天发，今晚寄出了给你的信，邮花还剩最后的一个，身边还余四角大洋，买了三角大洋糖回来，留着一角钱明天用。买糖的时候有了一个感想，因此回来又写信。糖店里那个小弟弟因为我是老主顾，一见我便笑嘻嘻招呼，这使我很难为情，觉得我比他更小。叫他板了脸孔才好。有时我为了怕他的笑嘻嘻，特意赶到较远的店里去买。——这个便是我的感想。

偶然抬起头来看见月亮，觉得她并不比那一盏大的白的灯更可爱一些，大概她老了，又住在上海，很寂寞，甚至于没有糖吃。

宋，我待你好。

八日夜

上海居大苦恼，拟回家乡吃黄米饭

姊：

我懊丧极了，怨、恼、苦、气、恨、愁、悲、惨、闷、伤心……为什么？不为什么。

昨天夜半房间里闹水灾，隔壁人家自来水管爆破，水从墙缝里钻了进来，几乎人都淹死（此夸张语也），房间里弄得一塌糊涂，今天那边修好了之后，戽出了几提桶水，你想我怨不怨？

信又盼了个空，罩衫臂上又撕破了一块，一切的一切，怨之不尽。昨夜局方开结束会议，大家都有减薪希望，但看今天有没有甚么通知，如果太不情了，我辞职书底稿也已经打好：

“总理先生大鉴：上海居大苦恼，拟回家乡吃黄米饭，请准辞职！”

拿他两个月津贴，回家白相①半年再说。

明天下午或后天早上动身回家过年去还未定，要是到家后仍接不到你信，以后永远不待你好，死了之后变恶鬼永远跟你缠绕，拜四十九天梁皇

① 白相：意为“玩”。

忏[1]给我也没用。

但现在我仍待你好。

弟弟，廿一

① 梁皇忏：梁武帝为超度其夫人郗氏所制之慈悲道场忏法。

你如不会笑，至少还够不上浪漫

心里气得很，没有吃的，没有玩的，没有书看，没有歌唱，你又没有信给我，如何活得了！

希望希望，我能希望些什么？明天还不是跟今天一样？能够早些老去是幸福，只怕挨那挨不尽的寂寞。

今晚一定要痛哭一场。我不知道你真会不会哭，也许有时找不到哭的题材，但会哭的人是可爱的。不过不应当当人面前哭，要悄悄的哭，而且哭过了要哈哈笑。顶好口袋里塞满糖，一个人走到一处幽静的地方，坐下来想生世中一切曾经过的悲哀，以及将来的可能的悲哀，一直想到自己完全溶入悲哀之中，而哭了起来，然后突然收住泪立起来，把糖塞在口里，唱着歌一路回去。**一个浪漫的人，笑与眼泪是随身的法宝，你如不会笑，至少还够不上浪漫。**

我所知道的人家对你的批评是说你很“ㄉㄧㄚ”[①]，这字写不出，只能以拼音代之。这也许更有侮辱的意味，我听了很无可如何。

古人有许多蠢处。莎士比亚写了一百几十首sonnets[②]，其中一大半

---

① 汉语旧注音符号，读作dia（嗲）。

② sonnets：十四行诗。

是为他所爱的一个男朋友而作，为英文中最有名的情诗。这事本没有什么反常，不过他说他希望他的朋友赶快结婚，好把美丽的种子传下去，说这种话，他完全是一个生物学家，而不像是个诗人。其实这些天才们傻的程度比我更甚。

星期日和人同去看《娜娜》，由左拉小说所改编的电影，俄国姑娘Anna Sten①的第一张片子。看了之后，很失望，因为本来是自然主义的名著，却完全变成了平凡的罗曼斯，导演手法上也没有特殊之点，安娜斯坦的演技虽不差，因剧本的不好（比较的说）也不曾留下多大的印象。罗曼斯的片子我只看过一张好的，那是Garbo②的*Queen Christina*③，故事是说一个冰雪之国（瑞典）的女王，喜男装，好骑射，不愿结婚，憧憬着自由，因为对于一个西班牙使臣的缱绻，那是代表她对于南国的阳光与热情的渴慕，终于脱去王冠的桎梏，载着被杀的使臣的尸首，到那产葡萄的国土里去了。很够诗意的不是？这是嘉宝自己挑选的她祖国的故事，完全地代表了她的艺术的灵魂的。

---

① Anna Sten：安娜斯坦。

② Garbo：嘉宝，20世纪瑞典籍好莱坞影视演员。

③ *Queen Christina*：《克莉斯蒂娜女王》。

饿鬼写于｜没有东西吃的夜里

好姊姊：

今天中午回来，妹妹带着随随便便的神气对我说，“你房间里有一封信”，一跳跳到楼上，信并没有，虽然知道受了骗，可是也许被风吹在地上，也许被放在书底下枕头底下抽屉里，仍然作万一之想地空寻了一番，好像你并不是昨天才有信给我的。

说不出来的闷，空虚，灵魂饿得厉害。鬼知道这种罪几时才能受满。

我们廿九、三十两天不作工，廿九是星期例假，三十补革命纪念日假（或者说廿九是革命纪念日，三十补星期例假均可），虽承公司方面的好意，实在也并不十分欢迎，一切事情天晓得！

我把我的灵魂封在这封信里，你去旅行的时候，请把它随身带在口袋里，挈带它同去玩玩，但不许把它失落在路上。

幸亏世上还有一个你。我弱得厉害，你不要鄙夷我。

所有的祝福！

饿鬼写于没有东西吃的夜里，廿六

跟我案头的｜格言日历捣蛋

去年有一个时候我专门跟我案头的格言日历捣蛋：

四月廿九：醇酒与妇人是痛苦之原因。——玛歇尔（痛苦是醇酒与妇人之原因。）

五月三日：总不使吾之嗜欲戕贼吾之躯命。——曾国藩（设人以不享乐而长命，生命不啻为长期之系狱。）

六日：空言要少，实行要多。——韩瑞芝（多出空言，可出风头，实行让诸笨人。）

七日：人不能绝灭爱情，亦不可恋爱情。——培根（人根本无爱情，因人根本是个人主义者故。）（人做了许多次数傻子以后所获得的代价是一种经验，这种经验便是明白自己是个傻子。）

八日：破衣破袜破巾，不足以为耻，德行一破，其耻曷当。——胡氏家训（破衣破袜破巾，人见之而姗笑，是以为耻，德行一破，人视若无睹，斯不足以为耻。）

十日：仰不愧于天，俯不怍于人。——孟子（仰不愧于天，因鬼神为妄语，俯不怍于人，因人人与我一辙。）

十一日：先天下之忧而忧，后天下之乐而乐。——范仲淹（先天下之乐而乐，后天下之忧而忧，庶几乎受用。）

十四日：十二时中，莫欺自己。——葛邲（人以自骗骗人为生活之根据。）

十六日：兄须爱其弟，弟须敬其兄。——方正学（倘兄不足敬，弟不足爱，则如之何？）

十七日：父兮生我，母兮鞠我，抚我育我……昊天罔极。——《诗经》（我不欲父母生我，父母奚为生我？）

廿八日：浊富宁可清贫。——姚崇（贫而不能清，则如之何？）

六月一日：生死穷达，不易其操。——苏轼（不易其操者，有死无生，有穷无达。）

四日：勿谓今日不学有来日，勿谓今年不学有来年。——朱子（今日不学有来日，今年不学有来年。）

五日：做人以居心宽厚，气度和平为主。——蔡英（居二十世纪之文明都市，殆无有居心宽厚气度和平者矣。）

你要不要著一本书驳斥我？

寄上屠格涅夫《猎人日记》一本，及杂志两本，希望你谢谢我。

臭灰鸭蛋

无心谈恋爱，埋首写论文

我爱宋清如，风流天下闻；红颜不爱酒，秀颊易生氛。
冷雨孤山路，凄风苏小坟；香车安可即，徒此挹清芬。

我爱宋清如，诗名天下闻；无心谈恋爱，埋首写论文。
夜怕贼来又，晓嫌信到频；怜余魂梦阻，旦暮仰孤芬。

我爱宋清如，温柔我独云；三生应存约，一笑忆前盟。
莫道缘逢偶，信知梦有痕；寸心怀夙好，常艺瓣香芬。

右打油诗三首

我将成为一个民族英雄

好好：

你有一点不好的地方，那就是爱用那种不好看的女人信笺。

你不大孝顺你的母亲，我说你应当待她好些，如果怕唠叨，那么我教你一个法子，逢到你不要她开口而她要开口的时候，只要跑上去kiss她，这样便可以封闭住她的嘴。

你崇拜不崇拜民族英雄？舍弟说我将成为一个民族英雄，如果把Shakespeare[①]译成功以后。因为某国人曾经说中国是无文化的国家，连老莎的译本都没有。我这两天大起劲，*Tempest*[②]的第一幕已经译好，虽然尚有应待斟酌的地方。做这项工作，译出来还是次要的工作，主要的工作便是把僻奥的糊涂的弄不清楚的地方查考出来。因为进行得还算顺利，很抱乐观的样子。如果中途无挫折，也许两年之内可以告一段落。虽然不怎样正确精美，总也可以像个样子。你如没事做，替我把每本戏译毕了之后抄一份副本好不好？那是我预备给自己保存的，因此写得越难看越好。

你如不就要回乡下去，我很想再来看你一次，不过最好什么日子由你

---

① Shakespeare：莎士比亚。

② *Tempest*：《暴风雨》。

吩咐。

我告诉你，太阳底下没有旧的事物，凡物越旧则越新，何以故？所谓新者，含有不同、特异的意味，越旧的事物，所经过的变化越多，它和原来的形式之间的差异也越大，一件昨天刚做好的新的白长衫，在今天仍和昨天那样子差不多，但去年做的那件，到现在已发黄了，因此它已完全变成另外的一件，因此它比昨天做的那件新得多。你在一九三六年穿着一九三五年式的服装，没有人会注意你，但如穿上了十七世纪的衣裳，便大家都要以为新奇了。

我非常爱你。

淡如，廿五

我平生读过的|最好的诗

亲爱的朋友：

热得很，你有没有被蒸酥了？

怪倦的，可是我想必须要写了这封信。

*Tempest*已完工，明天叫他们替钉一钉，便可以寄给你看，但不知你能不能对我的译笔满意。

郑天然给我的两本抄本，我因为自己没用处，昨夜没有事，便把你所有寄给我看的新诗（除了我认为太不好的少数之外）都抄了上去，计得：

1932年（十月起）	9首
1933年	38首
1934年	32首
1935年	8首
1926年（迄七月）	2首

竭着一个黄昏一个上午半个下午的时间把它们抄完，好似从头到尾温习了一遍甘美的旧梦。我觉得你确实有诗人的素质，你的头脑跟你的心都是那么美丽可爱。因为不讲究细琢细磨的缘故，你的诗有时显得生硬，显

得意象的调炼未臻融和之境，而给人一种不很成熟的感觉，但这无害于你的抒情的优美。不经意而来的好句子，尽可以使低能的苦吟者瞠然失色；你的顶好的几首小诗可以列于我平生读过的最好的诗篇之中。我对于你真只有无限的爱慕，希望你真不要从此萧索下去才好。**我曾在抄后又用红墨水把你的各篇诗加以评点，好的诗一圈，很好的诗两圈，非常好的诗三圈；句子有毛病或用得不适当的加竖，佳句加细点，特别出色的佳句加密圈，你要不要看看?**

说不完的我爱你。愿你好。

永远是你的，星期日夜

夜猫 | 的生活

天使：

又到了两点钟，真要命，近来要做夜工，把人烦死。算是校订过了两遍，校对过了三次的样子，拿到我手里仍然要改得一塌糊涂，其实偷懒些也不妨事，可是我又不肯马马虎虎。人也总是，白天尤其是上半天总是有气没力的，一过了夜里十点钟，便精神百倍，夜猫的生活虽然也颇有意味，可奈白天不得睡觉何。

每天每天看不到你，这是如何的生活。事实上你已成为我唯一的亲人了，可以寄托我心情的对象，无论是人或艺术、主义、宗教，是一个都没有，除了你。但就是你也不能给我大的启发与鼓奋，一切是虚无得可怕。

我永远爱你。

魔鬼，十二夜

小宠爱

你是比一切弟弟 | 更可爱的弟弟

好宋：

真的我不怪你，全不是你错，无可如何才怪你，但实在是不愿怪你的，遇到这等懊恼的事，暂时生一下子气，你会允许我的吧？我不曾骂你，是不是？你不要难受才好。我愿意听话，永远待你好。

说，愿不愿意看见我，一个礼拜之后？抱着一个不曾弥补的缺憾，毕竟是太难堪的事，让我再做一遍西湖的梦吧，灵峰的梅花该开了哩。你一定来闸口车站接我，肯不肯？我带巧格力①你吃。这回手头大充实，有五十多块钱，另外还借出十八块，虽然年节开发，买物事②回家，得用去一些。

其实从北站到我处一段路，也并不怎样难走，远虽是远。只须坐七路提篮桥电车到底，就没有多少路。如懒得问，黄包车十来个铜子也拉到了。寓所就在office③转角。原该早告诉你的。

今后再不说诳话欺骗自己了，愿意炼成一个坚强的钢铁样的信心，永

---

① 巧格力：现译“巧克力”。

② 物事：意为“东西”。

③ office：办公室。

远倾向着你，当我疲倦了一切无谓的游戏之后。我不愿说那是恋爱，那自然是比恋爱更纯粹的信念。我愿意懂得“永恒”两字的意义，把悲壮的意味放入平凡的生活里，而做一个虔诚的人。因我是厌了易变的世事，也厌了易变的自己的心情。

你并不伟大，但在我心里的你是伟大的。

给你深深的友爱，我常想你是比一切弟弟更可爱的弟弟。

朱，九日傍晚

你老了｜一定很可爱

昨天上午安乐园冰淇淋上市，可是下午便变成秋天，风吹得怪凉快的。今天上午，简直又变成冬天了。太容易生毛病，愿你保重。

昨夜梦见你、郑天然、郑瑞芬等，像是从前同学时的光景，情形记不清楚，但今天对人生很满意。

我希望你永远待我好，因此我愿意自己努力学好，但如果终于学不好，你会不会原谅我？对自己我是太失望了。

不要愁老之将至，你老了一定很可爱。而且，假如你老了十岁，我当然也同样老了十岁，世界也老了十岁，上帝也老了十岁，一切都是一样。

我愿意舍弃一切，以想念你终此一生。

所有的恋慕。

蚯蚓，九日

不愿意骂你，因为你是宝贝

宝贝：

我倦眼朦胧地给你写信，现在是下午四点三十三分。昨夜看小说看到二点多，今天倦得想死。我不想骂你，第一因为我倦；第二因为你叫我不要骂你；第三因为我并不比你好，不配骂你；第四即使我不倦，即使你叫我骂你，即使我配骂你，我也不愿意骂你，因为你是宝贝。

为什么我不会欢喜你向我饶舌呢？你自己懒得动笔，莫要推在我身上，我不要你那样体谅我。**我多希望你一天到晚在我耳朵边咭咭呱呱，那么我永远不会神经衰弱。只要你不嫌吃力，一天对我讲四十八个钟点的话我都不会厌倦。**

越是想你，越没有梦，福薄缘悭，一至于此！昨夜好容易到将醒来时才梦见接到你一封薄如蝉翼的信，还来不及拆开看时已经醒了，这种梦简直不值一个大[①]。

我只盼望星期，我愿意什么事都不做，只是玩，吃东西，活着一点不快乐。

---

① 不值一个大：“一文不值”的意思。

等到再看见你时，我又老了一百岁了。作算我再能看见你三十次，作算每次都是整整的一天，作算我们还有三十年好活，那么我还有10927.5天不看见你，30天看见你，这比例叫人气馁。

从早晨口角到夜深，恨不得大家走开

宋：

于是你安然到了家里，我也安然活着。当然我并不愿你来，也不盼你希望你来。今天又是下雨，但你不来而以因为我不愿你来作理由，却太使我恼，因为这是你第一回听我的话。如果我说，我愿你爱我，你愿不愿爱我呢？**世上的事都是这样的，你如向人请求点恩惠，人家便将白眼报之，要是请他打一记耳光，人家便会欣然应命的。**

当然是我的无理，你不要以为我怪你，但以后请你不要诱我了吧，那真有点难堪。

但愿来生我们终日在一起，每天每天从早晨口角到夜深，恨不得大家走开。

朱，廿六

世上一切算得什么，只要有你

我不知是什么东西，卢骚[1]的《新哀洛绮思》（师范英文选第三册选入，这种物事好教学生！以文章而论，歌德的《维特》当然好得多了），恋爱，恋爱，那种半生不熟，十八世纪式的恋爱，幼稚而夸张，无谓的sentimentalism[2]，佳人＋才子＋无事忙热心玉成好事的朋友＋扭扭捏捏不嫉妒的“哲学的”丈夫，这位丈夫，是卢骚特创的人物，篇中谁都佩服他，实际是最肉麻的一个。

你不用赌神发咒我也早相信你了，前回不过是寻晦气的心情，其实我总不怪你。

我顶讨厌中国人讲外国话，并不因为我是个国粹主义者，如果一个人能够讲外国话，讲得比他的本国话更好的话，那么他尽有理由讲外国话，否则不用献丑为是。

好人，我永远不对你失望，你也不要失望自己。

我希望你不要用女人写的信纸。

我以为理发匠非用女人不可，有许多理发匠太可怕，恶心的手摸到脸

---

① 卢骚：现译“卢梭”。

② sentimentalism：感伤主义。

上，还要碰着嘴唇，叫你尝味它的味道。嘴里的气味扑向你鼻孔里，使人非停止呼吸不可。中国人喜欢捶背狠命扒耳朵，真是被虐待狂。

伤风好了没有？你真大娇弱。

我不笑，不是不快活，无缘无故笑，岂不是发疯。

后天星期日。

接到你的信，真快活，风和日暖，令人愿意永远活下去。世上一切算得什么，只要有你。

我是，我是宋清如至上主义者。

人去楼空，从此听不到“爱人呀，还不回来呀”的歌声。

愿你好。

Sir Galahad[①]

P.S.我待你好

---

① Sir Galahad：加拉哈德，亚瑟王骑士之一，象征纯洁勇敢。

我相信｜你是个乖

天如愿地冷了，不是吗？

我一定不笑你，因为我没有资格笑你。我们都是世上多余的人，但至少我们对于彼此都是世上最重要的人。

我一天一天明白你的平凡，同时却一天一天愈更深切地爱你。你如照镜子，你不会看得见你特别好的所在，但你如走进我的心里来时，你一定能知道自己是怎样好法（这是一个很古怪的说法，不是？）。

一切不要惶恐，都有魔鬼作主。

我真的非常想要看看你，怎么办？你一定要非常爱你自己，不要让她消瘦，否则我不依，我相信你是个乖。

Lucifer

二姊已经睡得好好的了，小弟刚看卓别麟回来，胡闹得有趣。

雁歌暝归霞，楼凤惨瘗残。
屏墨香尘老，轻灯舞往还。

宿酒愁难却，旅尘染鬓寒。
临江慵写黛，病却盼花残。

素缕委尘白，软绡染水红。
春归絮舞苦，花老燕飞慵。

千里无情月，尚临别梦明。
断魂残酒后，掩泪倚青灯。

——拼字集句成四首

这玩意儿是我发明的，即是把一些诗词抄在纸上，然后一个一个字剪下来，随意把各字拼凑成一些不同的诗句，如上例。很费心思，你一定不耐烦试。然而我待你好。

廿八夜，爱丽儿

我想要是世上有一个人，比你更要好得多，而且比你更爱我，那么我一定会忘了你的。不过那是谎话，如果真有那样一个人，我一定要咒诅那人，因为比你更好，即是不好。而且我为什么要人爱我呢？你倘不待我好我也一样待你好，除了你之外，我不许任何人待我好，但你待不待我好全随你便。

如果我忘了你，你会不会“略为有一点”伤心呢？我知道你一定会说“绝不！”为着这缘故，我更不肯忘了你，因为一个人如被人遗忘了而一点不伤心，这表示那忘记她的人对她会不值一个大，这是何等的侮辱呢。

莫名其妙的，日常我觉得我很难看，今天却美了一些。

你的鼻子有些笨相，太大一点，你试照照镜子看，你的眼睛最美，那么清澈而聪明，眉毛的表情也可爱。脸孔的全部轮廓，在沉静和愠怒时最好看，笑起来时，却有些凄惶相。是不是胡说呢？你的手跟你写的字一样太不文雅，不过仍然是女性的，令人怜疼，想要吻吻它们。

廿九晨

对你说 | 一千句温柔的蠢话

你简直是残忍，一天难挨过似一天，今天我卜过仍不会有你的信来。我渴想拥抱你，对你说一千句温柔的蠢话，然这样的话只能在纸上我才能好意思写写，即使在想象中我见了你也将羞愧而低头，你是如此可爱而残忍。

我决定这封信以情书开头，因此就有如上的话，但这写法于我不大合适，虽则我是真的爱你，如同我应该爱你一样。

如果到三十岁我还是这样没出息，我真非自杀不可。所谓有出息不是指赚三百块钱一月，有地位有名声这些。常常听到人赞叹地或感慨地说，“什么人什么人现在很得法了”，我就不肚热那种得法，我只要能自己觉得自己并不无聊就够了。像现在这样子，真令人丧气。读书时代自己还有点自信和骄矜，而今这些都没有了，自己讨厌自己的平凡卑俗，正和讨厌别人的平凡卑俗一样，趣味也变低级了，感觉也变滞钝了。从前可以凭着半生不熟的英文读最艰涩的Browning①的长诗，而得到无限的感奋，现在见了诗就头痛，反之有时看到了那些又傻又蠢气的电影，倒要流流眼

---

① Browning：勃朗宁，19世纪英国诗人。

泪，那时我便要骂我自己，“你看看你这个无聊的家伙，有什么好使你感动的呢，那些无灵魂的机械式的表演？”真的我并不曾感动，然而我却感动了。一个人可以和妻子离婚，但永远不能和自己脱离关系，我是多么讨厌和这个无聊的东西天天住在一个躯壳里！如果我想逃到你的身边，他仍然紧跟着我，因此我甚至不敢来看你，因为不愿带着他来看你。我多么想回到我们在一处作诗（不管是多么幼稚）的“古时候”，我一生中只有那一年是真的快乐，真的满足，满足自己也满足世界，除了太过渺茫了的我的童年，那还是太古以前的事，几乎是不复能记忆的了。

你知道火炉会使人脸孔变惨白，但你不知道人即使在火炉旁也会冻死的，如果有人不理他。杭州已下雪了，这里只有雨，那种把人灵魂沾满了泥泞的雨。**冬天唯一的好处是没有臭虫，夜里可以做梦，虽然我的梦也生了锈了。**

寄与你一切的思慕。

朱儿

至少也值得 | 一个kiss

哥儿：

不动笔则已，一动笔总是sentimental[①]，我很讨厌我自己。

几天暖得像大好的春天，今天突冷，飘雪。

真想着你啊，还有好多天呢。

有人说我："说着想念你啊想念你啊的一类人，都是顶容易忘记人的。"我不知道自己究是不是那种人，容不容易忘记人现在也没有事实为自己证明。但如是那样能热热烈烈地恋，也能干干净净地忘却，或比不痛不痒的葛藤式的交情好些吧？作文章，写诗，我都是信笔挥洒，不耐烦细琢细磨的人；勾心斗角的游戏，也总是拜人下风的。

该有信给我了，你允许我的。

一本《古梦集》，抄得你梦想不到的漂亮，快完工了，作礼物送给你，至少也值得一个kiss。

真愿听一听见你的声音啊。埋在这样的监狱里，也真连半个探监的人

① sentimental：感伤的。

都没有，太伤心了。这次倘不能看见你，准活不了。

哥儿是用不到我祝福的，因哥儿的本身即是祝福，是我的欢乐与哀愁的光明。

朱，2/2下午

我｜想念你想念你你你

二哥：

我写不出信，真要命，你教我写些什么话。

Proud word you never spoke，but you will speak
4 not exempt from pride some future day.
Resting on one white hand a warm wet cheek
Over my open volume you will say,
"This man loved me！" Then rise & trip away.①

简直没办法，想什么地方抄一点写写，又没有抄处，否则真不必自讨苦吃硬要写信，可是不写信我又怎么睡得着。

我一天想你到夜，我不愿不想你，一定要想你，你真可爱可爱。信怎样写呢?

---

① 英国诗人兰德（W.S.Landor）的一首诗，意为：你从不声言傲娇，/但你总归是要说的。/你皙白的柔荑托着湿热的脸颊，/在我启声之际，你将说着：/"他爱过我！"/然后起身，离开。

我真是那么痴望着看见你，永远是那么渴着，像一个渴慕太阳的红人。

要是此刻看见你，我将要怎样贪婪地注视着你哩。还能够一同到云栖等处走走吗?

我想念你，似乎我生命中只有这几个字，我想念你想念你你你。

几时能看见你？无可奈何地祝你好，信等于不曾写，你不要憎嫌我。

朱

我真爱｜宋清如

昨夜我在梦里大唱其歌，嗓子吊到半天高，被誉为the world's greatest tenor①。学校开学的第一天，我从头龙头下山吃饭去，遇见宋清如和那位inevitable②的某小姐以及另外一位杜撰出来的女士从宿舍里出来，我对宋清如说，“瞧你简直像个鬼”。因为她满面孔跌破抓碎，贴满了橡皮膏和布片，面色又黄又老又难看，见了怪教人心疼，禁不住要爱她，这是love at first sight，中文译为一见倾心，于是我play the gallant③，说，“一同吃饭去好不好？”她贼忒嘻嘻地犹豫不定，心里是答应的，但是因为嘴里太干燥，说不出话来。那两位密斯见机说，“我们少陪了（让你们去play donkey④吧）”，我说大家一块儿去吃饭又有何妨，假使你们小气不肯请客，就各人自会钞也罢。她们说不用客气了，于是带着一副贼腔去了，少不了做个鬼脸，以及笑那种女人特有的笑，那种笑既不是场面上应酬敷衍的笑，也不是中心发出来的愉快的笑，又不是因

① the world's greatest tenor：世界上最伟大的男高音。

② inevitable：躲避不了的。

③ play the gallant：献殷勤。

④ play donkey：做傻事。

为感到发松有趣，胳肢里被tickle①了的笑，乃是一种根本不必笑的笑。你——不是你，我说的是宋清如，真腼腆得可以，大学教育不知教了她些甚么，于是我也只好红红面孔，陪着她慢步金莲地走着，心里只想有机会把她作弄一下，虽则未免太罪过。嘿！这顿饭吃得可真写意，每人坐一张桌子，因为菜蔬太多，一桌子放不下。刚要吃之时，幕布便拉拢了，休息五分钟，我说这种电影我不要看了，于是出去做the world's greatest tenor，可惜你——她没有福气听我唱，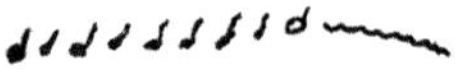唱到最高的地方，力竭声嘶，变成了猫叫，听众大拍其掌，我觉得非常荣幸。

我有没有告诉你过，有一次我梦见宋清如，她开始是向我笑，笑个不住，后来笑得变成了一副哭脸，最后把眉毛眼睛鼻子嘴巴都笑得变动了位置，最后的最后满面孔都笑得面目模糊了，其次的最后脸孔上只有些楔形文字，这是我平生所看见的最伟大的笑。

我真爱宋清如。

元始天尊

① tickle：挠痒。

让我亲亲 | 你的笨手

好人：

我深信我是世上第一个龌龊臭男子（这话有点像贾宝玉，是不是？我不管），愿你不要欢喜我。

不负责任也是我的一个大毛病，但有时却是因为太……责任的缘故，而不敢负起责任来，一个人要负责任总是太吃力，你说是不是？

聪明的女子应该早早结婚，聪明的男人应该不结婚，你想得出想不出这两句话的理由？

天一晴，我又希望它立刻下雨。凡春夏天气微雨最佳，秋冬则宜晴朗。即使是要游山玩水吧，在这种欲睡的困人天气也不能有十分清新的兴致。这意见你不至于反对吧？

我待你好，明天也待你好。让我亲亲你的笨手。

凡不爱你的人｜都是傻子

好人：

昨天梦你到嘉兴来玩。**我爱你，凡不爱你的人都是傻子。在我的心中眼中以及一切感官中，你都是美到无可言喻。**

天这两天变凉了，我毫无意见，随它冷热，都与我无干。

前天买了一本有趣的旧西书，“*House-boat on the Styx*”①，Styx是通阴阳两界的河名。其中当然尽是些鬼话，荷马、莎士比亚、孔夫子、伊里沙伯女王②、哈孟来特③、拿坡仑④、华盛顿等等都在一起清谈口角，最被挖苦得厉害的是Dr.Samuel Johnson⑤。书的作者是完全无名的，出版于一八九零年。莎士比亚和约翰生博士争论莎士比亚戏曲是否莎士比亚本人所作，不能解决，去问Francis Bacon⑥，Bacon说是他作的，莎士比亚是他的“打字员”，因为稿子由他打字，便冒认为己

---

① *House-boat on the Styx*：《冥河中的船屋》。

② 伊里沙伯女王：现译“伊丽莎白女王”。

③ 哈孟来特：现译“哈姆雷特”。

④ 拿坡仑：现译“拿破仑”。

⑤ Dr.Samuel Johnson：塞缪尔·约翰逊博士，18世纪英国作家和文学批评家。

⑥ Francis Bacon：弗朗西斯·培根，17世纪英国哲学家。

作，一个连自己姓名都弄不清楚（莎士比亚的亲笔签名式共有六七种不同的拼法，后来有一位先生著过一本书，发现这个名字一共可以有四千种拼法！）的人，怎么会著出Hamlet[①]来呢？老莎大发急，再去问Sir Walter Raleigh[②]，Raleigh笑笑说Hamlet既不是培根做的，也不是老莎做的，那作者正是我哩。莎士比亚说，怎么，莎士比亚的作品都不是莎士比亚作的，那么究竟有没有我这个人呢？

又有一个笑话，一次莎士比亚回到阳间去，在伦敦登台演Hamlet，大受批评家的白眼，说他完全不懂莎士比亚。一晚他们举行讲故事会，预先派定约翰生博士做主席，因为他这个人惯会刻薄人，要是叫他等别人说过后插入一两句批评，那是非常够味的，但要他自己讲起来，便三日三夜讲不完，冗长得叫人异样头痛。第一个立起来讲的是Goldsmith[③]（他是个不会讲话的人），红红脸孔说了一些反反复复的话，便说要宣读《威克斐牧师传》前五个Chapter[④]，大家急了起来，主席先溜走了，关照从者等他读完了来唤他。还是拿坡仑和威灵顿公爵商量出一个办法，假装因旧恨而吵闹起来，把会场闹得一塌糊涂，才避免去Goldsmith的读《威克斐牧师传》。拿坡仑问Frederick[⑤]大帝有没有读过Carlyle[⑥]所著Frederick传记（一部卷帙浩繁的著作），他说不曾，因为没有工夫，拿

---

① Hamlet：哈姆雷特。

② Sir Walter Raleigh：沃尔特·雷利爵士，英国文艺复兴时期作家。

③ Goldsmith：戈德斯密，18世纪英国作家。

④ Chapter：章节。

⑤ Frederick：应为Friederich，腓特烈大帝，18世纪普鲁士国王。

⑥ Carlyle：卡莱尔，19世纪英国作家、历史学家。

坡仑说你现在永生了，尽管读到eternity[①]，难道还没有工夫？他说，你读了三四页便知道了。

让我亲亲你，让我爱爱你，无数的肉麻。

朱儿，三〇

① eternity：永远。

从你恶劣的字体中，仍然可以体味出美来

宋：

今天四点半一人到常去吃东西的广东馆子里喝茶吃点心看小说，并没有什么趣味，我不知怎样找快乐，life always the same①。

人家送了我一本Lawrence②的小说，一本禁得很厉害的东西，全是描写性交的文字。告诉我你是不是好宝贝，不曾读过本“秽亵”的书？

我又要忙起来了，工作已逼上身，damn it③！

几时你写长一点的信给我，写三张信纸，我回答你六张。女人们常爱多话，可是信总写不长，不知什么缘故，也有会写得比较长一些的，但都是把同一的意思反复述说着，加上许多啊字呢字哩字。

你知道我刚才搁了笔想些什么？我想你诚然是很美的，不过那不是几何学上所能说明的那种匀称的美，也不是用任何标准可以丈量的美，你有一种敏感的纤细的笔触，我简直不敢碰你（我想你如果胖了，一定要不动

---

① life always the same：生活一成不变。

② Lawrence：劳伦斯，通称D·H·劳伦斯，20世纪英国小说家、批评家、诗人、画家。

③ damn it：该死的。

人得多）。即使从你的恶劣的字体中，也仍然可以体味出你的美来。

你是世上顶可爱的宝贝。遥遥无期的见面，想起来怪不快活，但我不想再到杭州来。我有点恨，我太容易灰心。

四日

你是好人，我抱抱你

宋神经：

叫你神经是因为你又要说甚么凋谢的花醒了的梦一类话，再讨厌不过了。我也知道你不是诗人，但不是诗人就不该说这种诗话。我说花落了之后更好看了。至于醒来而能把梦记忆清楚，我认为是一种快乐；要是忘记了，根本已无此梦，当然无苦痛可感。你东西吃完了之后，也会感到一阵空虚而流起泪来吗？这当然是滑稽的。**一个人不能老是吃东西，因为肚子会胀，美味也会失却它的味道。同样一个人也不能老是做梦，因为老做下去会做厌的，会使心灵不消化。但人不能不做梦，正如不能不吃东西一样，做梦吃东西，同样是使人生丰富的力量。**

大凡一个标准男人，必有三个或三种不同型的女性做他爱慕的对象。第一个是远胜于他自己的，有时不一定实有其人，如果他的理想太高的话；对于她他将敬而远之，避免一切世俗的来往狎昵。第二个是差不多和他差不多好坏的，他把她作为亲密的朋友。第三个是及不上他的，他把她作为妻子。因为男人娶了一个比他自己好的女人，是会杀害他的自尊的，但女人则恒以有一个好的丈夫为荣。因为男人总是要神气神气的，如果在外面神气不起来，不得不碰社会的钉子，在大亨前面低声下气，回家来还要被老婆吃瘪，摆不起臭架子，人生对于他不是有点太惨了吗？

昨夜失眠，因为是礼拜六之故。看杂志上的几篇写一个乡村医生的小说，觉得很满意，一篇写一个污七八糟的贫民家庭里的女孩子，父亲只会喝酒，母亲只会养小孩，那女儿为了服侍她的幼弟而死；一篇写一个被儿媳嫌恶的八十矍铄老妪，因服了过多的药而昏睡过去，被认为已死，然而重新活了转来；都很有柴霍夫风格的幽默与同情。另一篇写一个害肺病的过时的红歌剧女伶，流落在下等哑剧团中，受人姗笑的故事，十分伤感。

今天淡淡的太阳，刮风。

如果你说已经写得够了，那么我就不再写。

你是好人，我抱抱你。

朱，十二

你“叽咕”得 | 甚是有趣

清如：

你“叽咕”得甚是有趣，算我能了解你吧。

思想有时使我苦痛。我自己常常知道自己错，但如别人以为我错时，我却永远不认错，有许多话我也说不来。近来常痛恨过去，我一点不以为消逝的总是美，反之我常愿意每一分钟重新做人过。一个人年纪大了起来，过去的记忆加重地负担起来，叫人活着不松快，最好是活到今天便把昨天的事情完全忘却。**我们过去的交情不算尽如理想那样美，至少在我这方面说过许多蠢话，希望你能完全忘记了，我也允许你不向自己说过的话负责。**

一个人能活得越轻越好，能在世上一无牵挂，永远像云一样飘着，不想过去，只想望未来，那样才是有意思。在感情这一方面，似乎我比你更能放任一些，实在我并不惧怕它会拘缚了我。有时我恨一切人，有时我觉得谁都可爱，比如在此刻，我很希望拥抱世间每一个人。

你叫起来｜很好听

我觉得我已好久不曾给你写信了。在我看来，昨天和十年之前，全然是一样的事，因为它们一样属于过去。

我不知道如果我们一旦失了接触时，我们会不会和旁人一样疏远冷漠起来，不知道有时你会不会再想到我，也许那时我的印象全然是可笑的也说不定。你以不以为我很有点自私，如果我想永远占有你的友情？因为我不愿意失去你，因为我不愿意失去我自己。说不定也许真有一天我会不欢喜你，当我迷失了自己的时候，那时我希望你肯用一点努力把我拉回来，如果我不曾离开你太远。因为离开了你，我不会有幸福和平安的，你的心里才是我唯一的灵魂的家。这要求确实是过分，你肯不肯允许我？你知道“我不欢喜你”这一件事对于你实际上是毫无损害的，因为你本不曾要我欢喜你，但对于我却有重大的关系，它的意义是一切的绝望苦恼和永久的彷徨。我知道即使我不欢喜你，我不能使我不爱你，因为欢喜不欢喜是心绪的转移，而真的爱，永久是生着根的，因此要是我不欢喜你了，我的灵魂将失去了和谐。

你的信在这时候到。I am veree veree happee①。

---

① I am veree veree happee：我非常非常快乐。

贼来你叫不叫起来？你叫起来很好听。很奇怪昨夜我坐在椅子上瞎想（昨夜有人来，去了之后，觉得一个黄昏已经扰去了，索性出去看末一场的《亨利第八》，回来已过十一点钟，又坐了两个钟头才睡），我想象你还是睡在那个小房间里，忽然一个贼进来，于是你叫了起来……

四绝句的第一首第一句“凌云志气竟千秋”似乎有些不称，不要管它；“化得流萤千万只”，“只”字还是改普通一点的“点”字吧，你知道郑天然爱用“只”字，但我不喜欢。你的意思是不是说万斛愁都化为照在陌横头的流萤？第二首较好。第三首略俚俗一点，但实际上“今日黄泥复白骨，当年同是上坟人”两句还是这四首中最真切感人的句子，我想可以加圈的。“廿载尘缘孰附身”好像不通，我也不甚懂，最好改过，“孰为亲”也不行。第四首可以不要，“夜月不知人事改”二句蹈袭太甚。拟咏怀诗毫无意义。阮嗣宗的诗骚忧沉郁，我极喜欢，你能多读读他也好，在不快活的时候。

我希望我在现在就死，趁你还做得出诗的时候，我要你做诗吊我，当然你不许请别人改的。

我非常之欢喜你，愿你好！

红儿，星期三

你在古时候一定是 | 很笨很不可爱的

小妹妹：

你那里下雪，我这里可是大晴天。如果你肯来上海，那么我就不来杭州了，我最怕到杭州来的理由是要拜访老师。而且到十五六里，我的钱又要用得差不多了。

我不准你比我大，至少要让我大你一岁或三个月。要是你真比我大，那么我从今后每年长两岁，总会追及你。明天起我就自认廿五岁，到秋天我再变成廿六岁。其实我愿意我的年纪从遇见你以后才正式算起，一九三三年的秋天是我一岁的开始，生日待考，自从我们离别以后，我把每个月算作一年（如果照古老话一日三秋，那是太过分些），如是到现在约已有三十个月，因此我现在已满三十一岁。**凡未认识你以前的事，我都愿意把它们编入古代史里去。**

你在古时候一定是很笨很不可爱的，这我很能相信，因为否则我将伤心不能和你早些认识。我在古时候有时聪明有时笨，在第十世纪以前我很聪明，十世纪以后笨了起来，十七八世纪以后又比较聪明些，到了现代又变笨了。

我从来不曾爱过一个人像爱你那样的，这是命定的缘法，我相信我并不是不曾见过女孩子。你真爱不爱我呢？你不爱我，我要伤心的，我每天

凄凄惶惶的想你。我讨厌和别人在一起，因为如果我不能和你在一起，我宁愿和自己在一起。

暂时搁笔，你笑我傻也随你。愿魔鬼保佑我们，因为他比上帝可爱一些。

伊凡叔父。六日午

和你卜邻而居，共度衰倦之暮年

清如：

一辆黄包车载了我回来，敲开了门，向陆师母招呼了一声，便飞奔上楼，放下伞，摔下套鞋，脱下贼腔的帽子，披上青布罩衫，觉得比较像一个人些，肚子里也开始觉得有些饿了，出去吃了六个馒头，回来出了一回神，倒头便睡，心酸而哭。睡到七点钟起来，马马虎虎吃了碗饭，想昏天黑地地睡下去，觉得心事未了的样子，便写信。

想着自己的一付贼腔，真又好气又好笑，你真没有理由要和我要好。你气色很好，我很快活，我总觉得你很美很美。你和我前夜梦中所见的很像，我看了看你的照片（照相馆里拍的那张），心里有点气，人工的修饰把气韵都丧失了，简直不像你。下回如赴照相馆拍照，我劝你拍一张侧面像试试，全侧面的。

此行使我充满了幸福感，你不要想象我又起了惆怅，即使是惆怅，也是人生稀有的福分，我将永远割舍不了你。近着你会使我惝恍，因此我愿常远远地忆你。如果我们能获得长寿，等我们年老的时候，我愿和你卜邻而居，共度衰倦之暮年，此生之愿足矣！

回家安好且快乐？不要多想起我！祝福。

朱，十六夜

你是世上 | 最可爱的老太婆

澄哥儿：

今天天气很好，心里有点松快，可是又闷得快要闷死的样子，要是身边有钱，一定在家里坐不住。你不知道那个Flaubert[①]多少可恶，净是些古怪的生字，叫人不耐烦看下去。唉，我昨夜做的梦真有趣，尸首从床板上跳起来，身上还淋着脓，哎，啧啧，我一看不对，连忙奔下楼。昨天不是我说我多么爱你吗？这种话你不用听就是，因为我怎么能自己知道我爱不爱你呢？天晓得你是多么好！我要是从来不曾读过英文就好了，那种死人工作恨一百年都恨不尽。

今天才初八，还要等你至少一星期，真心焦！唉，我透了一口长长的气。你说我写些什么好呢？我什么话都没有，你只痴痴地张大了眼睛（我说的是你的照相），一句话也不响。要是谁带点糖来给我吃吃就好了。如果我亲你的嘴，你打不打我耳光？我真不高兴，真怨。你房间里冷不冷？情形真是一年坏一年……不说了。

我在梦里筑了一座宫堡，那地方的风景真是好极了，你肯不肯赏光常

---

① Flaubert：福楼拜，19世纪法国小说家。

来玩玩？我特为你布置了一间房间，所有房间中最好的一间，又温暖又凉爽又精巧又优雅。窗外望出去的山水竹树花草，朝晨的太阳，晚来的星月，以及飞鸟羊群，都是像在一个神奇的梦境里。你这间房间我每天吩咐一个美秀的小婢打扫收拾，但别人不许进去一步，即使你永远不来也将永远为你保存着。我真不知道要怎样才好，早早死了就好了，做人真没有趣味。谢谢撒旦的父亲，日子快些过去才好！你已经三十岁，是个老太婆了，实在日子过得真快，我还亲眼看你从娘肚子里一二三开步走地跑出来呢，那时我还是个毛头小伙子，如今老了，不中用了，国家大事被后生小子弄得一团糟，也只好叹口气罢了。总而言之，还是让我以这垂朽的残生爱着你直到死去吧！你是世上最可爱的老太婆。

傻老头子

今天我｜仍跟昨天一样喜爱你

你要不厌倦生活，法子很多，或是找些危险事情做做，或是……我不告诉你了，听你去厌倦吧，我自个儿也是厌倦的。

等你做了大官之后，我便和你绝交。照你的说法，好像做了大官是理该看轻人的。但是我相信你做了大官的时候，我一定已经得到了诺贝尔文学奖金了——为了我编的一本《英汉五十七用辞典》。

你有各种使人讨厌的理由，然而我一点也不讨厌你，因此这是很奇怪的。**我敢确定地说今天我仍跟昨天一样喜爱你，我可以担保明天也是一样，我希望后天大致也不会变更，至于大后天则是太辽远了，谁能说第三次世界大战在什么时候爆发呢?**

我的信总写不好，第一缺少热情，第二毫无意味，尤其要令你皱眉头的，我还居然想要——怎么说呢？——●●●，虽然●●●●●●●，对于●●●●仍有些●●●●。

朱生豪

你老是说些不通的话，真是可爱得很

宋：

昨夜我写了一封痴痴颠颠的信，幸亏不寄出，否则你又要骂我。

我知道你很爱我，如果你骗你自己说不爱我，我也无法禁止你。

照相即使你硬要送给我，我也不要了，因为你已送过了别人。你瞧我好像也会喝醋的样子。

关于朋友我向来主张“不交主义”，除非人家要来交我，我决不去交人家。男朋友我也不要，何况女朋友，何况是含有特殊意义的女朋友。除非你忍心要我在不识相的姑娘们前出乖露丑，像一个呆大女婿那样地，你总不好意思劝我交女朋友吧？

你说的光明坦白四个字我也不很懂，心中存着光明坦白四个字，已经有些不十分光明坦白，时时刻刻记得这四个字而去交起朋友来，往往会变得充满了做作。友情不是可以用人工方法培植起来的，毫无理由地和一个不相识者交起朋友来，随便你怎样光明坦白也是awkward[①]的。你老是说些不通的话，真是可爱得很。

---

① awkward：笨拙的。

你因为客气而不骂我，不知这算不算得光明坦白？如果朋友有失而不骂，也未免不够交情。只有好朋友的骂才能使人心悦诚服，即使被骂者脸红耳赤，也不致怀恨在心，你为什么不骂我呢？还是我没有被你骂的资格？——我简直要声势汹汹地质问你。

你原来就是笨的，现在并不比从前更笨，可是笨得可爱。

这次你写了一段很好的文字：“日日在怅惘中看着天明，再由白天捱到夜晚。这种不快意的心情，说悲哀似乎太重，说惆怅又嫌太轻，要说这是愁，那我更不知是愁些什么来。”令人咏叹不尽。

不要不待我好，在这世上我最欢喜你。

朱，十九

这封信不要给宋清如看

好友：

今天宋清如仍旧不给信我，我很怨，但是不想骂她，因为没有骂她的理由，而且我也不是女人。宋清如好像是女人，你是不是女人我有些莫明其妙。

今天中饭气得吃了三碗，肚子胀得很，放了工还要去狠狠吃东西，谁教宋清如不给信我？

我告诉你我爱宋清如，随你说我肉麻，说我无聊，说我臭，说我是猪猡驴子猢狲夜叉小鬼都不相干。

这两天有一张非看不可的电影，因此虽然有种种不方便，昨天终于偷偷地去看了，LONDON FILMS①出品，RENECLAIRE，法国的宗匠，导演，剧旨是“没落的旧浪漫主义对于新兴的俗恶的现实主义的嘲笑”，这句话抽象不抽象？片名是《鬼往西方》，故事是一个美国商人买了一座鬼祟的苏格兰古堡，整个儿拆卸下来载回美国重新盖造，把那古堡里的鬼也带了去了。纽约的好奇群众热烈地欢迎这个鬼，新闻记者争着摄影，而

---

① LONDON FILMS：伦敦影片公司。

商人因此得到publicity[①]。搬来的古堡落成以后，里面装置着摩登的设备，一切的不三不四使这鬼头痛……我没有讲完这故事，后半部鬼出现的最精彩的部分也是嘲笑最犀利的部分完全给检查会剪去了，以至看下去很有支离之感。可笑的是片中的鬼本来是真的鬼，说明书中说那是剧中主人公的假扮，原是避免不通的检查诸公的注意，因为要是说那是真的鬼，就变做“宣传迷信”，不能开映了，于是大家都上了当，以为那个鬼是假扮的。报上的影评也是这样说，这种人真没有资格上电影院。

高尔基死，鄙人大有独霸世界文坛的希望。

这封信不要给宋清如看。

十九

① publicity：名声。

你才是属于我的type，你是unique的

心爱：

昨夜梦你又来了，而且你哭。你为什么哭呢？是不是因为我们的交好使你感觉不幸？是不是因为我太不好？还是不为什么？

你是太好了，没有人该受到我更深的感激。开始我觉得你有些不够我的理想，你太瘦小了，我的理想是应该颀长的；你太温柔婉约了，我的理想是应该豪放浪漫的。但不久你便把我的理想击为粉碎，现实的你是比我的空虚的理想美得多可爱得多。在你深沉而谦卑的目光下，我更乐意成为你的臣仆，较之在一切骄傲而浮华的俗艳之前。我明白我们在这世上应该找寻的是自己，不是自己以外的人，因为只有自己才能明白自己，谅解自己，我找到了你，便像是找到了我真的自己。如果没有你，即使我爱了一百个人，或有一百个人爱我，我的灵魂也仍将永远彷徨着，因为只有你才是属于我的type[①]，你是unique[②]的。我将永远永远多么的多么的欢喜你。

梦中得过四句诗，两句再也记不起来，那两句是“剧怜星月凄凄色，又照纤纤行步声”，很像我早期所作的鬼诗。

---

① type：类型。

② unique：独一无二。

《孟加拉枪骑兵传》已在大光明卖了一星期满座，尚在继续演映中；《罪与罚》则如一般只供高级鉴赏者观看的影片一样，昨天已经悄悄地映完了，只有报纸的批评上瞎称赞了一阵，为着原作者和导演人冯史登堡的两尊偶像的缘故。在我看来，它还不能达到理想的地步，虽仍不失为本季中最值得注意的一个作品。除了演员的表演而外，你有没有注意到本片构图和摄影的匠心？

再谈，祝你好。伤风有没有好？作不作夜工？珍摄千万！

九日

谁都不喜欢你了，我仍然是欢喜你的

好人：

今晚为了想一句句子的译法，苦想了一个半钟头，成绩太可怜，《威尼斯商人》到现在还不过译好四分之一，一定得好好赶下去。我现在不希望开战，因为我不希望生活中有任何变化，能够心如止水，我这工作才有完成的可能。

日子总是过得太快又太慢，快得使人着急，慢得又使人心焦。

你好不好？

不要以为我不想你了，没有一刻我不想你。假使世界上谁都不喜欢你了，我仍然是欢喜你的。

你愿不愿向我祷求安慰，因为你是我唯一的孩子？

Shylock①，廿四夜

① Shylock：夏洛克，《威尼斯商人》中人物。

殊想不到待你太好｜会构成我自己的罪名

清如：

本来是不该再写这信了，因为昨夜气了一夜，原谅我没有人可以告诉。

话太多，实不知从何说起。只恨自己太不懂事，以后该明白一些，我是男人，你该得疑惧我的。一向太信任朋友两个字，以为既然是朋友，当然是由于彼此好感的结合，至于好感的到何程度，那当然不是勉强而来。但爱一个朋友，总不算是一件错的事，现在才晓得要好是真不应该“太”的。我心里有无限的屈辱。

愿你相信我一向是骗你，我没有待你好过，现在也不待你好，将来也不会待你好，这样也许你可以安心一点。交朋友无非是多事，因为交朋友就要好，而你是不愿别人跟你要好的。现在我很相信你不时提说的那一句话，男女间友谊不能维持永久。这责任不是我负，因为我一向信任你，不信任人的是你。我殊想不到待你太好会构成我自己的罪名。我心里有无限的屈辱。

写不出了，主要的意思，仍没有说。愿你好，以后，我希望能使你安静一点。

做人，是太难堪了。